Heimat BOWLS

Nachhaltig
Regional
Saisonal

55 vegane & vegetarische
Rezepte von hier

Heimat BOWLS

Nachhaltig
Regional
Saisonal

55 vegane & vegetarische Rezepte von hier

CHRISTIAN

INHALT

VORWORT

Liebe Leserin, lieber Leser,

mit »Heimat-Bowls« möchten wir den Weg weitergehen, den wir mit unserem Buch »Heimat-Sushi« begonnen haben. Unser Ansatz ist klar: Wir setzen ausschließlich auf Produkte aus der heimischen Landwirtschaft und Natur. Dabei machen wir eine kleine Ausnahme und verwenden auch Trockengewürze, mit denen wir die Aromen saisonaler Produkte aus unserer reichhaltigen heimischen Vielfalt mit Geschmackskomponenten aus aller Welt kombinieren. Bei uns finden Sie Früchte und Gemüse in ihrer ursprünglichen Form – auf vegane Wurst- oder Fleischersatzprodukte verzichten wir bewusst. Auch Tiefkühlgemüse sucht man in unserem Buch vergebens, denn bei uns lautet das Zauberwort »in der Natur gereifte Frische«.

Im Frühjahr nutzen wir die ersten Kräuter, die sprießen, im Sommer schöpfen wir aus der reichhaltigen Auswahl von Märkten und Bauernhöfen. Im Herbst zieht es uns in die Wälder, um Pilze zu sammeln, und im Winter finden vorwiegend die eingelagerten Sorten ihren Platz in unseren Bowls.

Wir haben großen Spaß daran, kreative Rezepte aus Zutaten unserer reichhaltigen Natur zu kreieren. Und wir hoffen, dass Sie ebenso viel Freude daran haben, die Rezepte aus diesem Buch nachzukochen und zu genießen.

Lasst uns gemeinsam die Vielfalt und Schönheit unserer heimischen Produkte entdecken und durch unsere Bowls auf den Tisch bringen. Ganz nach dem Motto: regionale Zutaten, saisonale Kreativität, und vor allem – köstlicher Genuss!

Alex Neumayer

Einleitung

IST DAS ESSEN VON BOWLS ETWAS GANZ NEUES ODER NUR EIN TREND AUS ANDEREN KULTUREN?

Bowls mit einer reichhaltigen Auswahl an Zutaten sind eine kulinarische Erfahrung, die keineswegs neu ist, sondern auf lange Traditionen und kulturelle Einflüsse zurückblicken kann. Schon lange bevor sie in unseren Breitengraden populär wurden, waren Bowls in verschiedenen Kulturen bekannt und beliebt. In Japan sind zum Beispiel die »Chirashi Sushi« oder »Sushi Bowls« eine geschätzte Form der Sushi-Zubereitung. Hierbei wird Reis in einer Schüssel serviert und mit einer Vielzahl von Zutaten belegt.

Hawaii hat seine berühmten »Poke Bowls« zu bieten, die eine Mischung aus japanischen und kalifornischen Einflüssen sind. Sie bestehen oft aus Fisch wie rohem Thunfisch oder gekochtem Tintenfisch, der mit verschiedenen Zutaten wie Sojasauce, Sesamöl, Zwiebeln, Chili, Ingwer, eventuell Tomatenwürfeln, Meersalz und Algen kurz mariniert wird. Diese »Poke Bowls« werden oft über Reis serviert und sind eine leckere und gesunde Mahlzeit. In den letzten Jahren haben sich selbstgemachte Bowls auch hierzulande zu einem absoluten Trend entwickelt. Sie sind äußerst beliebt und bieten auch eine gesunde und abwechslungsreiche Möglichkeit, vegetarisch zu essen. Eine Bowl ist im Grunde eine Schüssel, die mit einer Vielzahl von Zutaten gefüllt wird, darunter Getreide, Gemüse, Hülsenfrüchte, Früchte, Milch- und Sojaprodukte sowie alle denkbaren Toppings. Durch die Kombination dieser verschiedenen Komponenten entsteht eine ausgewogene Mahlzeit, die nicht nur den Körper mit wichtigen Nährstoffen versorgt, sondern auch optisch ansprechend ist.

DIE VIELFALT IST »DER SCHLÜSSEL ZUM ERFOLG DER SCHÜSSEL«

Die Möglichkeiten für vegetarische Bowls sind praktisch endlos. Sie können Ihre Bowls ganz nach Ihren eigenen Vorlieben gestalten und sich von verschiedenen kulinarischen Einflüssen aus aller Welt inspirieren lassen. Seien es exotische Geschmacksrichtungen oder heimische Aromen, Ihrer Kreativität sind keine Grenzen gesetzt. Die Rezepte in diesem Buch dienen als Ideengeber, aber sie sind keineswegs in Stein gemeißelt. Sie können die Rezepte nach Belieben anpassen, andere Gewürze verwenden und aus verschiedenen Bowl-Ideen kombinieren.

Es ist empfehlenswert, zuerst zum Markt zu gehen und die frischen saisonalen Produkte aus der Region auszuwählen. Die Bowls werden dann nicht nur gesund und umweltfreundlich, sondern auch geschmacklich bereichernd sein. Die Frische der regionalen Zutaten verleiht den Bowls eine ganz besondere Note und ist eine nachhaltige Wahl für Umwelt und Klima. Ein weiterer großer Vorteil von vegetarischen Bowls ist ihre Einfachheit und die Möglichkeit, Reste und übrig gebliebene Zutaten kreativ zu verwerten. Schauen Sie in Ihren Kühlschrank und kombinieren Sie, was Sie gerade vorrätig haben, mit frischen Kräutern, Sprossen, Nüssen oder Samen, um zusätzliche Texturen und Aromen zu erzeugen.

In diesem Buch finden Sie eine breite Palette an Bowl-Ideen, die Ihren Geschmack und Ihre kulinarischen Vorlieben abdecken. Egal, ob Sie sich nach exotischen Aromen oder vertrauten heimatlichen Geschmäckern sehnen, Sie werden sicherlich die passende Inspiration finden, um köstliche Bowls zuzubereiten. Lassen Sie Ihrer Kreativität freien Lauf und entdecken Sie die Vielfalt, die vegetarische Bowls zu bieten haben.

Pflanzen

AUS DER HEIMISCHEN NATUR

Die Frische und Reife der Zutaten spielen eine entscheidende Rolle für den Geschmack und die Qualität von Bowls. Es ist von großer Bedeutung, dass die verwendeten Zutaten nicht nur frisch, sondern auch in der Natur gereift sind. Diesen Unterschied kann man schmecken! Deshalb ist es ratsam, auf von weither importierte Früchte und Gemüse zu verzichten. Nehmen wir zum Beispiel die Avocado aus dem Supermarkt, die stets aus fernen Ländern stammt. Oftmals sind die Früchte noch hart, oder aber sie sehen vielversprechend aus, aber wenn man sie anschneidet, ist das Fruchtfleisch grau und geschmacklich nicht so aromatisch wie eine gut gereifte Avocado aus den Ursprungsländern. Ähnlich verhält es sich mit Feigen, Lychees, Ananas, Mangos und anderen importierten Früchten. Ihre Geschmacksqualität erreicht oft nicht die der gut gereiften Früchte aus den jeweiligen Heimatregionen.
Hier kommt die Bedeutung der heimischen Landwirte und Hobbygärtner zum Tragen. Durch sorgfältige Pflege lassen sie Gemüse und Früchte in Gärten und Plantagen reifen, bis sie den optimalen Reifegrad erreichen. Der kurze Transportweg vom Erzeuger zum Kunden sorgt dafür, dass die Frische und Qualität der Zutaten erhalten bleiben. Die Wahl von regionalen Produkten bedeutet, dass man die ganze Frische und den unverfälschten Geschmack der Produkte in die Bowls bringt.
In Bowls, die mit frischen und heimischen Zutaten zubereitet werden, entfalten sich die Aromen und die Vielfalt der Geschmäcker viel besser. Es ist eine Bereicherung für die Sinne und ein kulinarisches Erlebnis, die Frische und die reifen Aromen der Zutaten zu genießen. Durch die Unterstützung der lokalen Landwirte tragen wir nicht nur zum Erhalt der regionalen Landwirtschaft bei, sondern leisten auch einen Beitrag zum Umweltschutz, indem wir lange Transportwege für importierte Produkte vermeiden.
In unserer Rezeptsammlung finden Sie Bowls, die von der Vielfalt und Frische heimischer Natur inspiriert sind. Nutzen Sie die Schätze unserer Region, und lassen Sie sich von den authentischen und köstlichen Aromen verwöhnen, die die Natur zu bieten hat. Ihre Bowls werden durch die Verwendung von frischen und gereiften Zutaten nicht nur gesünder, sondern auch geschmacklich unvergleichlich sein. Genießen Sie die Vielfalt der heimischen Natur in Ihren Bowls und erleben Sie, wie die natürlichen Aromen Ihre Geschmacksknospen verzaubern.

VON DER HEIMISCHEN LANDWIRTSCHAFT, DEM EIGENEN GARTEN UND KLEINEN IDEENREICHEN START-UPS

Die heimische Landwirtschaft, unsere eigenen Gärten und kreative Start-ups spielen hierzulande eine immer größere Rolle bei der Vielfalt und Innovation in der Lebensmittelproduktion. Sowohl Hobbygärtner als auch professionelle Landwirte experimentieren immer mehr mit neuen Produkten, die eigentlich aus anderen Regionen der Erde stammen. Sie testen, welche Sorten das Klima bei uns zulässt und bauen sie, wenn auch manchmal nur in geringen Mengen, biologisch an. Es ist erstaunlich zu sehen, wie Erdnüsse, Reis, Ingwer, gelbe Linsen und viele weitere Zutaten zunehmend in unseren heimischen Gefilden angebaut werden. Einige davon haben bereits den Weg in die Regale der Supermarktketten gefunden, während andere vornehmlich in den regionalen Bioläden zu finden sind. Heimische Unternehmen stellen auch Würzsaucen und -pasten her, die Geschmäcker aus anderen Kontinenten in unsere Küche bringen. Beispielsweise die heimische Sojasauce oder Miso-Paste – all diese Produkte bereichern unsere kulinarische Landschaft.

Ein weiteres bemerkenswertes Beispiel ist Tofu. Ursprünglich in China schon vor 1000 n.Chr. produziert, wurde Tofu im deutschsprachigen Raum erst gegen Ende der 1980er-Jahre populär. Heute ist Tofu aus dem Speiseplan von Vegetariern und Veganern nicht mehr wegzudenken und ein fester Bestandteil vieler fleischloser Bowls.

Es ist erfreulich zu sehen, wie auch fast vergessene »alte« Gemüsesorten eine Art Revival erleben. Landwirte und Gärtner erinnern sich an alte Sorten und bauen sie wieder an. Wild wachsende Kräuter und Pilze ergänzen diese Vielfalt noch weiter. All diese Bemühungen führen zu einem einzigartigen Sortenreichtum in unserer Heimat

Durch diese Entwicklung eröffnen sich immer mehr Möglichkeiten, eine breite Palette von regionalen und nachhaltigen Zutaten in unseren Bowls zu verwenden. Mit der Unterstützung der heimischen Landwirtschaft, dem Anbau neuer Produkte und der Wiederentdeckung alter Gemüsesorten und wilder Kräuter können wir eine reiche und riesige Auswahl von frischen und gesunden Zutaten genießen. Diese Vielfalt spiegelt sich in unseren Bowls wider und macht sie zu einem wahren Geschmackserlebnis, das die Einzigartigkeit und Fülle der heimischen Natur hervorhebt.

WIE SOLLTE EINE IDEALE BOWL BESCHAFFEN SEIN?

Die ideale Bowl sollte eine nahrhafte und ausgewogene Mahlzeit bieten, bei der man die Aromen und Struktur der frischen Zutaten spüren kann. Dabei ist es wichtig, die Bowls nach den Jahreszeiten abzustimmen. An heißen Sommertagen werden in die Bowls beispielsweise ein Minimum an Kohlenhydraten gegeben, stattdessen kommen erfrischende Joghurts, cremige Käsecremes oder eine Art Hummus aus heimischen Linsen zum Einsatz. Im Herbst und Winter hingegen wird es deftiger und wärmend. Eine Bowl kann eine vollständige kalte Mahlzeit sein, besonders beliebt in den Sommermonaten, oder sie kann sowohl warme als auch kalte Elemente enthalten, wodurch eine spannende Geschmackskombination entsteht.

solnce

AUFBAU EINER BOWL

Der Aufbau einer nahrhaften vegetarischen Bowl folgt einem ausgewogenen Konzept, das den Körper mit wichtigen Nährstoffen versorgt:

Die Basis

Diese besteht meist aus ballaststoffreichen und nährstoffreichen Zutaten wie Vollkornprodukten (z. B. Gerste, Hafer, Quinoa, brauner Reis, Hirse). Diese liefern komplexe Kohlenhydrate für langanhaltende Energie. An heißen Tagen kann die Basis auch durch Joghurt oder Frischkäse ersetzt werden.

Proteine

Es gibt zahlreiche vegetarische und vegane Optionen für Proteine, seien es Milchprodukte, Eier, Tofu, Bohnen oder Linsen. Diese liefern hochwertiges Protein sowie Ballaststoffe und wichtige Nährstoffe. Natürliche pflanzliche Proteinlieferanten sind auch Hülsenfrüchte, Sojaprodukte, Quinoa, Nüsse, Samen, Hafer oder grünes Blattgemüse. Eine abwechslungsreiche Ernährung mit diesen Lebensmitteln deckt den Protein- und Aminosäurebedarf bestens ab.

Gemüse

Wählen Sie aus einer breiten Palette an saisonalen und heimischen Gemüsesorten aus und kombinieren Sie sie, um eine Vielzahl von Nährstoffen zu erhalten. Die verschiedenen Farben sind wichtig, denn das Auge isst bekanntlich mit.

Obst

Ergänzen Sie die Bowl mit frischem Obst, um eine süße, saure und saftige Note hinzuzufügen. Obst liefert zusätzliche Ballaststoffe, Vitamine und Antioxidantien.

Toppings

Diese verleihen der Bowl zusätzlichen Geschmack und Textur. Hierzu gehören geröstete Nüsse, Kerne oder Samen, die für den gewünschten Crunch sorgen.

Frische Kräuter

Verwenden Sie frische Kräuter aus dem Garten, um der Bowl eine aromatische Note zu verleihen. Besonders gesunde Küchenkräuter wie Basilikum, Petersilie, Oregano, Rosmarin, Thymian, Minze, Koriander, Dill, Schnittlauch und Majoran enthalten wichtige Nährstoffe und dienen zudem der Gesundheit.

Dressing/Marinade

Ein Dressing oder eine Marinade sind ideal, um die Zutaten in der Bowl zusammenzubringen und den Geschmack zu harmonisieren. Verwenden Sie gesunde Pflanzenöle wie Kürbiskernöl, Olivenöl, Rapsöl, Leinöl, Walnussöl oder Sesamöl, die wertvolle Fettsäuren und Nährstoffe enthalten.

Eine kleine Dekoration

Auch die Dekoration sollte geschmacklich zur Bowl passen. Essbare Blüten aus dem Garten sind eine wunderbare Möglichkeit, eine ästhetische Note hinzuzufügen.

Durch eine sorgfältige Auswahl und Kombination dieser Zutaten wird die ideale Bowl nicht nur gesund und nahrhaft sein, sondern auch optisch ansprechend und ein Fest für die Sinne. Nutzen Sie die Vielfalt der saisonalen und heimischen Produkte, um köstliche und ausgewogene Bowls zu kreieren, die Ihren individuellen Vorlieben entsprechen.

NACH WELCHEN GESICHTSPUNKTEN HABEN WIR DIE ZUSAMMENSETZUNG FÜR UNSERE BOWLS AUSGEWÄHLT?

Die klassischen Bowls aus Japan und Hawaii basieren auf Reis. Wir verwenden auch eine Vielzahl an heimischen Getreiden. Die Auswahl der Getreidesorten für unsere Bowls basiert auf verschiedenen Gesichtspunkten, um eine ausgewogene, nährstoffreiche und vielfältige Mahlzeit zu gewährleisten:

Nährstoffgehalt

Wir haben Getreidesorten ausgewählt, die reich an essenziellen Nährstoffen sind. Dazu gehören Vollkorngetreide wie Hafer, Dinkel, Roggen, Grünkern, Quinoa, die eine Fülle von Ballaststoffen, Proteinen, Vitaminen und Mineralstoffen wie Eisen, Magnesium und B-Vitamine enthalten.

Vielseitigkeit

Wir verwenden eine Vielzahl heimischer Getreidesorten. So können Sie je nach Geschmack und Ernährungsbedürfnissen zwischen verschiedenen Optionen wählen, und diese aus verschiedenen Bowl-Rezepten nach Belieben austauschen.

Energiequelle Getreide

Bildet die sättigende Basis vieler Bowls und liefert langanhaltende Energie. Durch die Verwendung von Vollkorngetreide werden die Kohlenhydrate langsamer verdaut und halten den Blutzuckerspiegel stabil, was dazu beiträgt, Heißhungerattacken zu vermeiden und den Körper mit nachhaltiger Energie zu versorgen.

Gesundheitliche Aspekte

Viele der verwendeten Getreidesorten sind glutenfrei, reich an Eiweiß und Ballaststoffen und bieten eine abwechslungsreiche Ernährung.

In welchen Getreidesorten ist Gluten?

Rund 1 Prozent der Bevölkerung leidet an Zöliakie, einer Unverträglichkeit gegenüber dem Getreideeiweiß Gluten. Das sogenannte Klebereiweiß ist in den Getreidesorten Weizen, Dinkel, Grünkern, Roggen und Gerste enthalten. Aber auch wer eine Glutenallergie hat, muss nicht komplett auf Getreideprodukte verzichten: Hirse, Buchweizen, Amaranth, Hafer, Quinoa, Mais und Reis stellen eine gute und vollwertige Alternative dar.
Die gesündesten heimischen Getreidesorten können je nach persönlichen Vorlieben und Ernährungsbedürfnissen variieren. Generell gelten jedoch einige Getreidesorten als besonders nährstoffreich und gesund:

Hafer ist das Superfood schlechthin. Er ist reich an Ballaststoffen, Proteinen, Vitaminen (besonders B-Vitamine) und Mineralstoffen wie Eisen, Magnesium und Zink. Er kann dazu beitragen, den Cholesterinspiegel zu senken und das Herz-Kreislauf-System zu unterstützen.

Dinkel ist eine ursprünglichere Form von Weizen und enthält mehr Eiweiß, Ballaststoffe und Mineralstoffe als Weizen. Viele Menschen mit Weizenunverträglichkeit vertragen Dinkel besser.

Roggen enthält viele Ballaststoffe und komplexe Kohlenhydrate, die den Blutzuckerspiegel stabilisieren können. Er ist auch eine gute Quelle für Magnesium, Eisen und B-Vitamine.

Buchweizen: Obwohl der Name darauf hindeutet, gehört Buchweizen botanisch nicht zu den Getreidesorten. Er ist glutenfrei und reich an Eiweiß, Ballaststoffen, Magnesium, Phosphor und B-Vitaminen.

Quinoa ist ein nährstoffreiches, glutenfreies Pseudogetreide mit hohem Proteingehalt, Ballaststoffen und wichtigen Mikronährstoffen. Es ist vielseitig, schnell zubereitet und eine ideale Alternative für glutenhaltige Getreidesorten.

Grünkern ist halbreifes Dinkelgetreide, hat einen nussigen Geschmack und eine feste Konsistenz. Er ist reich an Eiweiß, Ballaststoffen, Eisen, Magnesium und B-Vitaminen.

Hirse ist glutenfrei, ballaststoffreich, enthält wichtige Mineralstoffe und hochwertiges pflanzliches Protein. Hirse hat einen niedrigen glykämischen Index.

Polenta ist glutenfrei, ballaststoffreich und enthält wichtige Nährstoffe wie Eisen und Magnesium.

Perlgraupen sind geschälte und polierte Gerstenkörner. Sie sind ballaststoffreich, enthalten wichtige Mineralstoffe und haben einen niedrigen glykämischen Index.

Weizen kann gesund sein, da Vollkornweizen viele Nährstoffe enthält. Für manche Menschen mit Unverträglichkeiten ist er jedoch ungesund und sollte vermieden werden. Die individuelle Verträglichkeit spielt eine wichtige Rolle.

ABER NICHT NUR DIE NÄHRSTOFFE DES GETREIDES SIND UNS WICHTIG

Unsere Bowls sollen nicht nur köstlich schmecken, sondern auch eine ausgewogene Ernährung fördern. Die Kombination aus verschiedenen heimischen Getreidesorten mit Gemüsen, Früchten, Milch oder Sojaprodukten bietet eine gesunde und nachhaltige Option für Ihre Bowl-Kreationen.

Linsen und andere Hülsenfrüchte sind proteinreich, ballaststoffreich, enthalten wichtige Mineralstoffe und haben einen geringen Fettgehalt. Vielseitig einsetzbar und glutenfrei.

Heimisches Gemüse und Obst bilden die Grundlage einer gesunden, ausgewogenen Ernährung. Die Betonung von Frische und Saisonalität spielt eine entscheidende Rolle, um den Verzehr von aromatischem und nährstoffreichem Gemüse und Obst zu fördern. Hier sind einige Gründe, warum heimisches Gemüse und Obst so wichtig sind:

Frische und Nährstoffgehalt: Heimisches Gemüse und Obst, die zur richtigen Zeit geerntet werden, enthalten in der Regel mehr Nährstoffe. Da sie nicht lange transportiert werden müssen, bleiben die Vitamine, Mineralstoffe und Antioxidantien erhalten. Ein hoher Nährstoffgehalt ist wichtig für die allgemeine Gesundheit, das Immunsystem und die Prävention von Krankheiten.

Saisonalität: Das Essen von saisonalem Gemüse und Obst unterstützt die natürlichen Rhythmen der Natur und hilft, eine vielfältige Ernährung aufrechtzuerhalten. Verschiedene Gemüse und Obstsorten sind in verschiedenen Jahreszeiten verfügbar, was die Vielfalt auf dem Teller fördert und sicherstellt, dass der Körper eine breite Palette von Nährstoffen erhält.

Geschmack und Aroma: Heimisches Gemüse und Obst, die zur richtigen Zeit geerntet werden, bieten ein besseres Geschmacks- und Aromaerlebnis. Sie sind oft reifer, saftiger und schmackhafter als Produkte, die unreif geerntet und über weite Strecken transportiert werden.

Anpassung an die Jahreszeiten: Der Verzehr von saisonalem Gemüse und Obst kann dazu beitragen, dass unser Körper sich besser an die natürlichen Schwankungen der Jahreszeiten anpasst. Im Sommer kann wasserreiches Obst und Gemüse wie Wassermelonen und Gurken dazu beitragen, den Flüssigkeitsbedarf zu decken, während im Winter Wurzelgemüse wie Karotten und Rüben eine wärmende und nährende Wirkung haben.

Was Trockenfrüchte betrifft, sind sie eine praktische Option, um den Geschmack und die Nährstoffe von Obst über längere Zeiträume zu bewahren, insbesondere wenn frisches Obst nicht verfügbar ist. Trockenfrüchte enthalten Ballaststoffe, Vitamine und Mineralstoffe, aber sie sind auch konzentrierter in Bezug auf Zucker. Daher sollten sie in Maßen genossen werden, um den hohen Zuckergehalt auszugleichen.

Insgesamt geht es bei der Betonung von heimischem Gemüse, Obst und Trockenfrüchten darum, eine ausgewogene Ernährung zu fördern, die die Vorteile von Frische, Saisonalität und Vielfalt nutzt, während gleichzeitig die Umwelt, die lokale Wirtschaft und die eigene Gesundheit unterstützt werden.

Gewürze: Die Verwendung von heimischen Gewürzen sowie Gewürzvarianten aus aller Welt bietet eine vielfältige Geschmackserfahrung. Die Kombination beider ermöglicht kreative und schmackhafte Gerichte, die den Gaumen bereichern und die Küche abwechslungsreich gestalten.

Milchprodukte: Milchprodukte sind eine gute Quelle für Kalzium, hochwertiges Protein und wichtige Vitamine. Für die Knochen-, Muskel- und Darmgesundheit sind sie wertvoll, aber manche Menschen haben eine Laktoseintoleranz. Pflanzliche Alternativen sind möglich, um Nährstoffe zu erhalten. Insgesamt sind Milchprodukte Teil einer ausgewogenen Ernährung. Pflanzliche Alternativen zu Milchprodukten sind Sojamilch, Mandelmilch, Hafermilch ... Sie eignen sich für Menschen mit Laktoseintoleranz und Veganer. Ungesüßte Varianten sind zu bevorzugen.

Sojaprodukte: Sojaprodukte sind eine gute Alternative zu Milchprodukten, aber auch zu Fleisch. Sojaprodukte, beispielsweise Sojamilch, Sojajoghurt, Tofu oder Sojasauce zum Würzen. Sie sind eine gute Option für Menschen, die eine pflanzliche Ernährung bevorzugen oder eine Laktoseintoleranz haben. Sie bieten eine breite Palette von Nährstoffen, darunter Proteine,

HIER NOCH EINIGE TIPPS VON UNS

Ballaststoffe, Eisen, Calcium und verschiedene Vitamine. Vielseitig einsetzbar und in unseren Rezepten gerne verwendet ist vor allem Tofu.

Gewürze: Wir empfehlen, Gewürze im Ganzen zu kaufen und vor dem Einsatz in der Gewürzmühle trocken zu rösten. Dadurch entfalten sich die Aromen noch intensiver, und das Ergebnis ist geschmacklich viel ansprechender als bei fertig gemahlenen Gewürzen, die oft eher langweilig schmecken.

Öle: In unseren Rezepten verwenden wir oft den Begriff »gutes Öl«, damit Sie die Freiheit haben, je nach Ihren Vorlieben und Verfügbarkeit entweder heimisches Öl oder importiertes Olivenöl bei den mediterranen Rezepten zu verwenden. Die Entscheidung liegt ganz bei Ihnen.

Alternativen für den Reiskocher: Wenn Sie einen Reiskocher besitzen, können Sie diesen nicht nur für Reis, sondern auch für Hafer, Weizen, Hirse und andere Getreidesorten verwenden. Damit wird das Garen von verschiedenen Körnern viel einfacher und bequemer.

Gewürzmischungen: Die von uns verwendeten Gewürzmischungen wie Baharat, Ras el-Hanout und Cajun sind auch als fertige Mischungen von verschiedenen Produzentenverfügbar. Beachten Sie jedoch, dass die Rezepturen leicht variieren können. Es gibt viele verschiedene Wege, diese Gewürzmischungen zu nutzen, also experimentieren Sie gerne!

Grundrezepte für Gewürzmischungen: In unserem Buch finden Sie im Kapitel »Grundrezepte« unsere Varianten zum Selbermischen von Gewürzmischungen. Auf diese Weise können Sie Ihre eigenen individuellen Gewürzkreationen erschaffen und Ihren Bowls eine persönliche Note verleihen. Wir hoffen, dass diese Tipps Ihnen dabei helfen, Ihre Bowls noch köstlicher und vielfältiger zu gestalten. Die Kunst des Bowl-Kochens liegt auch darin, mit den Zutaten und Gewürzen zu experimentieren, um immer neue Geschmackskombinationen zu entdecken. Lassen Sie Ihrer Kreativität freien Lauf und genießen Sie die kulinarische Reise durch die Welt der Bowls!

Die Rezepte

Frühling

FRÜHLINGSGEMÜSE-SCHMARRN

mit Bergkäse und Sauerrahm-Kräuter-Dip

ZUBEREITUNGSZEIT: **20 MINUTEN**

FÜR 4 BOWLS

Für den Frühlingsgemüse-Schmarrn
600 g Frühlingsgemüse (z. B. junge Karotten, Spargel, Kohlrabi, Frühlingszwiebel, junger Spinat, Bärlauch)
1 mittelgroße Zwiebel
2 EL Butter oder neutrales Pflanzenöl
4 Eier
160 g doppeltgriffiges Weizenmehl
320 ml Buttermilch
Salz
frisch gemahlener schwarzer Pfeffer
4 EL fein geriebener Bergkäse
neutrales Pflanzenöl

Für den Sauerrahm-Kräuter-Dip
Frühlingskräuter nach Wahl (z. B. glatte Petersilie, Schnittlauch, Dill, Oregano, Thymian)
150 ml Sauerrahm
Salz
frisch gemahlener schwarzer Pfeffer

Zum Anrichten
geröstete Knoblauchscheiben (siehe Seite 171)
junge kleine Karotten
junges Karottengrün
Sprossen
essbare Blüten

ZUBEREITUNG

FRÜHLINGSGEMÜSE-SCHMARRN

Die Karotten, den Kohlrabi und den Spargel schälen. Das Blattgemüse waschen und trockentupfen. Alles Gemüse in kleine Stücke schneiden, dabei die Spargelspitzen ganz lassen. Die Zwiebel abziehen und in feine Würfel schneiden. Die Butter bzw. das Öl in einer Pfanne erhitzen und die Zwiebel sowie das Gemüse kurz scharf anbraten. Die Spargelspitzen beiseitelegen.
Für den Teig die Eier trennen. Das Eiweiß in einer Rührschüssel beiseitestellen. Die Eigelbe zusammen mit dem Mehl, der Buttermilch und dem Käse in einer separaten Rührschüssel zu einem Teig verrühren. Mit Salz und Pfeffer würzen. Das Eiweiß steif aufschlagen und unter den Teig heben. Dann das Gemüse vorsichtig unterheben. Etwas Öl in einer Pfanne leicht erhitzen und den Teig etwa 1 cm dick einfüllen. Einen Deckel darüberlegen und braten, bis die Unterseite goldbraun ist. Den Pfannkuchen wenden, kurz weiterbraten und dann mit zwei Gabeln in Stücke zerreißen. Mit dem restlichen Teig ebenso verfahren.

SAUERRAHM-KRÄUTER-DIP

Die Kräuter waschen, trockentupfen und gegebenenfalls die Blätter abzupfen. Die Kräuter bzw. Blätter fein hacken. Die Kräuter mit dem Sauerrahm verrühren und mit Salz und Pfeffer abschmecken. Vor dem Servieren in vier kleine Schalen abfüllen.

ANRICHTEN

Den Schmarrn auf die Schalen verteilen und einige Knoblauchscheiben darauflegen. Die Karotten, das Karottengrün und die beiseitegelegten Spargelspitzen dazu legen. Den Sauerrahm-Kräuter-Dip in die Mitte stellen. Mit Sprossen und Blüten garnieren.

BROTSALAT

mit gegrilltem Fenchel und Schafskäse

ZUBEREITUNGSZEIT: 20 MINUTEN

FÜR 4 BOWLS

Für den gegrillten Fenchel
2 Knollen Fenchel
1 EL neutrales Pflanzenöl
Salz
1 EL Baharat-Gewürzmischung (siehe Seite 170)

Für den Brotsalat
4 Scheiben Sauerteigbrot vom Vortag
1–2 Knoblauchzehen
2 Schalotten
1 Handvoll Rucola
1–2 Stengel Basilikum
einige Blätter Sauerampfer
etwas Kresse
3 EL Rotweinessig
6 EL Haselnussöl
1 EL Fichtenwipfelsirup plus etwas mehr zum Anrichten
Salz
frisch gemahlener schwarzer Pfeffer

Zum Anrichten
200 g Schafskäse
200 g entsteinte Kirschen
2 EL grob gehackte und geröstete Haselnusskerne

ZUBEREITUNG

GEGRILLTER FENCHEL

Die Knollen putzen, den Stielansatz herausschneiden und den Rest in 1 cm dicke Scheiben schneiden. Die Fenchelscheiben mit Öl bestreichen und mit Salz sowie der Gewürzmischung würzen. Die Fenchelscheiben anschließend je 2 Minuten pro Seite heiß grillen. Dabei sollte der Fenchel gut gebräunt werden.

BROTSALAT

Die Brotscheiben in kleine Stücke zerreißen oder schneiden. Den Knoblauch und die Schalotten abziehen. Den Knoblauch fein hacken, die Schalotten in feine Streifen schneiden. Den Rucola, die Basilikumblätter, die Kresse und den Sauerampfer waschen, trockentupfen und in einer Schüssel mit dem Brot, dem Knoblauch und den Schalotten kurz vermischen. Für das Dressing den Essig, das Öl, den Fichtenwipfel-Sirup verrühren und mit Salz sowie Pfeffer abschmecken. Vor dem Servieren den Brotsalat mit dem Dressing marinieren.

ANRICHTEN

Den Brotsalat in den Schalen anrichten. Je zwei Scheiben gegrillten Fenchel darüberlegen. Den Schafskäse darüberbröseln und die Kirschen verteilen. Zuletzt die Haselnusskerne darüberstreuen. Etwas Fichtenwipfelsirup über die Fenchelscheiben tröpfeln.

ROLLGERSTENSALAT *mit gegrilltem Frühlingsgemüse, Räuchertofu und Harissa-Mayonnaise*

ZUBEREITUNGSZEIT: ETWA 45 MINUTEN

FÜR 4 BOWLS

Für den Rollgerstensalat
200 g Rollgerste
einige Fäden Safran
150 ml Naturjoghurt (Fettgehalt ca. 3,5 %)
Salz
frisch gemahlener schwarzer Pfeffer

Für den Räuchertofu
200 g Räuchertofu
2 Knoblauchzehen
2 EL Sojasauce
½ TL fein geriebener Ingwer
2 EL Maisstärkemehl
neutrales Pflanzenöl zum Frittieren

Für das gegrillte Gemüse
8 junge Karotten
8–12 Stangen grüner Spargel
1 junger Kohlrabi
8 Knoblauchzehen
1 EL neutrales Pflanzenöl

Für die Harissa-Mayonnaise
70 ml Mayonnaise
30 ml Sauerrahm oder Schmand
1 EL Harissapaste

Zum Anrichten
2 wachsweich gekochte Eier
1 Handvoll Brunnenkresse
etwas Blattgemüse (z. B. Blutampfer, Brunnenkresse)
essbare Frühlingsblüten

ZUBEREITUNG

ROLLGERSTENSALAT

Die Rollgerste nach Packungsanleitung kochen. Kalt abspülen und gut abtropfen lassen.
Die Safranfäden in den Joghurt einrühren. Die Rollgerste mit dem Joghurt verrühren und mit Salz sowie Pfeffer abschmecken.

RÄUCHERTOFU

Den Räuchertofu in Würfel (1x1 cm) schneiden. Den Knoblauch abziehen und fein hacken. In einer Schüssel die Sojasauce mit dem Ingwer und dem Knoblauch verrühren und den Tofu darin 15 Minuten marinieren. Dann die Tofustücke im Stärkemehl wenden und in heißem Öl goldbraun frittieren. Auf Küchenpapier abtropfen lassen.

GEGRILLTES GEMÜSE

Die Karotten, den Spargel und den Kohlrabi schälen. Die Spargelstangen quer halbieren, die Karotten längs halbieren und den Kohlrabi in 12 Spalten schneiden. Das Gemüse und die Knoblauchzehen in der Schale mit Öl einpinseln und auf beiden Seiten grillen. Anschließend die Schale der Knoblauchzehen abziehen.

HARISSA-MAYONNAISE

Alle Zutaten gut miteinander verrühren.

ANRICHTEN

Die Eier quer halbieren. Das Blattgemüse waschen und gut trockenschütteln. Das Blattgemüse an den Rändern der Schalen plazieren. Den Rollgerstensalat auf die Schalen verteilen. Jeweils in die Mitte ein halbes Ei setzen und die restlichen Zutaten rundherum anrichten. Mit den Blüten dekorieren. Kurz vor dem Servieren die Harissa-Mayonnaise darüberträufeln.

GESCHMORTE KAROTTEN

mit Karottengrün-Walnuss-Pesto und Sauerteig-Croutons

ZUBEREITUNGSZEIT: **ETWA 30 MINUTEN**

FÜR 4 BOWLS

Für die Karotten
ca. 30 junge Karotten mit Grün
¼ TL gemahlene Gewürznelke
¼ TL gemahlener Anis
1 EL fein geriebener Ingwer
Chilipulver
2 EL neutrales Pflanzenöl
Salz
1 Knolle Knoblauch

Für das Karottengrün-Walnuss-Pesto
1 Handvoll Karottengrün
100 ml Walnussöl
50 g Walnusskerne
1 EL fein geriebener Hartkäse nach Wahl
Salz

Für die Sauerteig-Croûtons
4 Scheiben Sauerteigbrot (ca. 2 cm dick)
2 EL neutrales Pflanzenöl oder 50 g Butter

Zum Anrichten
280 g Cambozola
frische Sprossen
einige Walnusskerne
Karottengrün
essbare Blüten

ZUBEREITUNG

KAROTTEN

Die Karotten putzen und dabei den Ansatz des Karottengrüns stehen lassen. Die Karotten schälen. Die Gewürze mit dem Öl vermischen und die Karotten großzügig einpinseln. Die Karotten nebeneinander auf ein mit Backpapier ausgelegtes Backblech legen und mit Salz würzen. Den Knoblauch in die einzelnen Zehen zerteilen, diese in der Schale flach drücken und zwischen die Karotten stecken. Die Karotten im auf 180 °C vorgeheizten Backofen (Ober-/Unterhitze) 15–20 Minuten schmoren.

KAROTTENGRÜN-WALNUSS-PESTO

Das Karottengrün gut waschen und trockentupfen oder in einer Salatschleuder trockenschleudern. Dann grob schneiden und in einen Standmixer umfüllen. Das Öl und die Walnusskerne zugeben und alles zusammen pürieren. Den Käse untermischen und nach Geschmack salzen.

SAUERTEIG-CROÛTONS

Das Brot in Würfel schneiden. Das Fett in einer Pfanne erhitzen und die Brotwürfel rösten. Zum Schluss noch 1–2 EL Karottengrün-Walnuss-Pesto (siehe Teilrezept) zugeben und in der Pfanne kurz durchschwenken.

ANRICHTEN

Die Brotcroûtons auf ofenfeste Schalen verteilen. Die geschmorten Karotten und die Knoblauchzehen darüberlegen. Den Cambozola in 1 cm dicke Scheiben schneiden, auf die Karotten legen und dann kurz bei starker Oberhitze im Ofen schmelzen lassen. Anschließend mit etwas Karottengrün-Walnuss-Pesto, den Sprossen, den Walnusskernen, den Blüten und je einem kleinen Karottenblatt garnieren.

GRÜNER SPARGEL

mit Fächersüßkartoffel, Mungbohnensprossen und grünem Dip

ZUBEREITUNGSZEIT: **ETWA 60 MINUTEN**

FÜR 4 BOWLS

Für die Fächersüßkartoffel
4 mittelgroße Süßkartoffeln
2 Zweige Rosmarin
1 EL Cajun-Gewürzmischung (siehe Seite 170)
3 EL neutrales Pflanzenöl

Für die grüne Sauce
1 Handvoll Bärlauch und Kresse gemischt
100 ml Mayonnaise
50 ml Sauerrahm oder Schmand
Salz
frisch gemahlener schwarzer Pfeffer

Für das Gemüse
20 grüne Spargel
200 g Mungbohnensprossen

Zum Anrichten
frische Kresse
4 Zweige Rosmarin
kleine essbare Frühlingsblüten

TIPP

Zum Einschneiden der Süßkartoffel diese zwischen zwei Schneidebretter legen. Dadurch kann verhindert werden, dass die Süßkartoffel komplett durchgeschnitten wird.

ZUBEREITUNG

FÄCHERSÜSSKARTOFFEL

Die Süßkartoffel schälen und im Abstand von 2 mm tief ein- aber nicht durchschneiden. Den Rosmarin waschen, trockenschütteln, die Nadeln abzupfen und grob hacken. Die Rosmarinnadeln mit der Gewürzmischung und dem Öl vermischen. Die Süßkartoffeln auch zwischen den Fächern mit dem Würzöl einpinseln. Dann die Fächersüßkartoffeln nebeneinander auf ein mit Backpapier ausgelegtes Backblech legen und im auf 160 °C vorgeheizten Backofen (Ober-/Unterhitze) 45 Minuten backen. Anschließend nochmals mit dem Würzöl einpinseln.

GRÜNE SAUCE

Den Bärlauch und die Kresse waschen und gut trockenschütteln. Den Bärlauch anschließend in Streifen schneiden und zusammen mit der Kresse und der Mayonnaise in einen Standmixer füllen. Das Ganze fein pürieren und dann den Sauerrahm untermischen. Mit Salz und Pfeffer würzen.

GEMÜSE

Den Spargel schälen und 3 Minuten dampfgaren. Dann abkühlen und auf Küchenpapier abtropfen lassen. Quer halbieren und die unteren Teile schräg in dünne Scheiben schneiden.
Die Mungbohnensprossen für 10 Sekunden in kochendem Wasser blanchieren. Dann in Eiswasser abschrecken und auf Küchenpapier abtropfen lassen.

ANRICHTEN

Die Mungbohnensprossen auf die Schalen verteilen und die Spargelscheiben dazu geben. Jeweils 1–2 EL grüne Sauce darübergeben. Je eine Fächersüßkartoffel daraufsetzen. Die Spargelspitzen daneben stecken. Mit frischer Kresse, einem Rosmarinzweig und essbaren Blüten dekorieren.

HOLUNDERBLÜTEN-TEMPURA

mit scharfen Erdbeeren

ZUBEREITUNGSZEIT: **ETWA 30 MINUTEN**

FÜR 4 BOWLS

Für die scharfen Erdbeeren
800 g Erdbeeren
3 Stengel Minze
einige Erdbeerblätter
½ TL gemahlene grüne Kardamomkapseln
50–100 ml Holunderblütensirup (je nach Intensität des Sirups)
orange oder rote Chilischote

Für die Holunderblüten-Tempura
4 Holunderblüten
neutrales Pflanzenöl zum Frittieren
50 g Weizenmehl
200 ml Tempura-Teig (siehe Seite 175)
etwas Puderzucker

Für den Amaretto-Milchschaum
100 ml laktosefreie oder ultrahocherhitzte Milch
Amaretto (nach Geschmack)

Zum Anrichten
essbare Blüten

ZUBEREITUNG

SCHARFE ERDBEEREN

Die Erdbeeren putzen und je nach Größe halbieren oder vierteln. Die Minze und die Erdbeerblätter waschen, trockenschütteln, die Blätter abzupfen und etwas zerkleinern. Zusammen mit den Erdbeeren in einer Schale vermischen. Den Kardamom mit dem Sirup vermischen, die Erdbeeren damit marinieren und etwas durchziehen lassen.

HOLUNDERBLÜTEN-TEMPURA

Die Holunderblüten putzen. Das Öl erhitzen. Das Mehl in eine flache Schale füllen und die Blüten mehlieren. Dann die Blüten in den Tempura-Teig tauchen und sofort im heißen Fett knusprig frittieren. Dann auf Küchenpapier abtropfen lassen und mit Puderzucker stauben.

AMARETTO-MILCHSCHAUM

Die Milch mit Amaretto vermischen und das Gemisch im Milchschäumer aufschäumen.

ANRICHTEN

Die marinierten Erdbeeren in Schalen aufteilen. Je eine gebackene Holunderblüte dazu geben und mit 1 EL Amaretto-Milchschaum und essbaren Blüten dekorieren.

GEBRATENE POLENTA

mit Mairüben und Kirschen

ZUBEREITUNGSZEIT: ETWA 30 MINUTEN

FÜR 4 BOWLS

Für die gebratene Polenta
1–2 TL Madras Currypulver (mild oder scharf)
2 EL neutrales Pflanzenöl
150 g Polentagrieß
Salz
frisch gemahlener schwarzer Pfeffer

Für die karamellisierten Mairüben
4 mittelgroße Mairüben
1 EL Butter oder neutrales Pflanzenöl
4 EL Zucker
4–5 EL Apfelessig
Salz
frisch gemahlener schwarzer Pfeffer

Zum Anrichten
2 Handvoll Rucolablätter
300 g entsteinte Kirschen
einige Basilikumblätter
1 Holunderblüte

ZUBEREITUNG

GEBRATENE POLENTA

Das Currypulver in 1 EL Öl anrösten, bis es anfängt zu duften. Den Polentagrieß mit dem Currypulver, Salz und Pfeffer nach Packungsanleitung kochen. Die Polenta in eine passende eckige Form füllen und erkalten lassen. Vor dem Servieren die Polenta aus der Form lösen, in vier Stücke schneiden und in einer Pfanne mit dem restlichen Öl (1 EL) auf beiden Seiten goldbraun und knusprig braten.

MAIRÜBEN

Die Mairüben schälen und in jeweils 8–10 Spalten schneiden. Die Butter oder das Öl in einer Pfanne erhitzen und die Spalten darin goldbraun anbraten. Den Zucker zugeben und weiter braten, bis der Zucker karamellisiert. Mit dem Essig ablöschen und mit Salz und Pfeffer würzen.

ANRICHTEN

Den Rucola auf die Schalen aufteilen. Die Mairüben darübergeben und je ein Stück gebratene Polenta darauf anrichten. Die Kirschen und die Basilikumblätter rund um die Polenta verteilen. Mit Holunderblüten garnieren.

RHABARBER-MILCHREIS

mit Erdbeeren und Basilikum-Hüttenkäse

ZUBEREITUNGSZEIT: **ETWA 40 MINUTEN**

FÜR 4 BOWLS

Für den Rhabarber-Milchreis
600 g Rhabarber
2 EL Zucker
1 l Vollmilch
400 g Milchreis
einige Scheiben Ingwer
1 Prise Salz
Abrieb einer ½ unbehandelten Zitrone
4 EL flüssiger Honig

Für die Rhabarber-Curls
1 kleine Stange Rhabarber

Für die Basilikum-Hüttenkäsenocke
1 Stengel Basilikum
4 EL Hüttenkäse

Zum Anrichten
12 Erdbeeren
4 Stücke Kürbiskernkrokant (siehe Seite 172)
einige Blätter Basilikum
Erdbeer- und Löwenzahnblüten

ZUBEREITUNG

RHABARBER-MILCHREIS

Den Rhabarber putzen und mit einem kleinen Messer die Fäden ziehen. Die Stangen in 3–4 cm lange Stücke schneiden. In einem kleinen Kochtopf 100 ml Wasser und den Zucker zum Kochen bringen, den Rhabarber zugeben und zugedeckt 3 Minuten dünsten. Die Milch mit dem Reis, den Ingwerscheiben, dem Salz und dem Zitronenabrieb einmal aufkochen und dann bei niedriger Temperatur 25–30 Minuten zugedeckt kochen. Dabei ab und zu umrühren. Anschließend die Ingwerscheiben entfernen und den Honig sowie den gedünsteten Rhabarber untermischen, dabei einige Rhabarberstücke als Garnitur beiseitelegen.

RHABARBER-CURLS

Mit einem Sparschäler dünne Streifen von der Rhabarberstange abschälen und diese für einige Minuten in Eiswasser legen. Vor dem Servieren gut abtropfen lassen.

BASILIKUM-HÜTTENKÄSENOCKE

Das Basilikum waschen, trockenschütteln und die Blätter abzupfen. Diese dann in feine Streifen schneiden und mit dem Hüttenkäse vermischen.

ANRICHTEN

Die Erdbeeren putzen und je nach Größe halbieren oder dritteln. Den Rhabarber-Milchreis auf die Schalen verteilen und die beiseitegelegten Rhabarberstücke darauflegen. Eine Nocke Basilikum-Hüttenkäse, ein bis zwei Rhabarber-Curls und die Erdbeeren daneben plazieren. Ein Krokantstück dazwischen stecken und mit den Basilikumblättern und Blüten garnieren.

TIPP

Rhabarber sollte roh nur in geringen Mengen verzehrt werden, da er Oxalsäure enthält. 1–2 Rhabarber-Curls machen allerdings einen guten Crunch auf der Bowl.

RHABARBER-QUINOA-SALAT

mit Hirtenkäse und Löwenzahn

ZUBEREITUNGSZEIT: **ETWA 30 MINUTEN**

FÜR 4 BOWLS

Für den Rhabarber-Quinoa-Salat
400 g Quinoa
200 g Rhabarber
1 EL flüssiger Honig
3–4 Stengel Koriander
10 Stengel Schnittlauch
1 große milde rote Chilischote
½ rote Zwiebel
Abrieb von ½ unbehandelten Zitrone
Salz

Zum Anrichten
4 Radieschen
4 Erdbeeren
320 g Hirtenkäse
einige junge Löwenzahnblätter
essbare Blüten
4 EL gutes Nussöl (z. B. Haselnuss- oder Walnussöl)

ZUBEREITUNG

RHABARBER-QUINOA-SALAT

Die Quinoa waschen, laut Packungsanleitung kochen und zum Abkühlen beiseitestellen.
Den Rhabarber putzen und mit einem kleinen Messer die Fäden ziehen. Die Stangen in 2 cm lange Stücke schneiden. In einem kleinen Kochtopf 50 ml Wasser und 1 EL Honig zum Kochen bringen, den Rhabarber zugeben und zugedeckt 3 Minuten dünsten.
Den Koriander und den Schnittlauch waschen und trockenschütteln. Die Korianderblätter abzupfen und grob hacken. Den Schnittlauch in feine Röllchen schneiden. Die Chilischote waschen und nach Wunsch die Kerne entfernen. Die Schote in feine Ringe schneiden. Die Zwiebel abziehen und in feine Streifen schneiden.
Alle Zutaten für den Quinoa-Salat in einer Schüssel vermischen und mit Salz abschmecken.

ANRICHTEN

Die Radieschen und die Erdbeeren putzen. Die Radieschen in feine Scheiben schneiden, die Erdbeeren entsprechend der Größe halbieren oder vierteln. Den Hirtenkäse in Würfel schneiden.
Den Rhabarber-Quinoa-Salat auf die Schalen verteilen. Die Radieschenscheiben, die Erdbeerstücke und die Hirtenkäsewürfel dekorativ darauf anrichten. Einige Löwenzahnblätter und Blüten dazwischen stecken und einige Tropfen Nussöl darüberträufeln.

SCHMACKHAFTE ROHKOST

mit Kräutern, Joghurt-Dip und Hafercrunch

ZUBEREITUNGSZEIT: ETWA 15 MINUTEN

FÜR 4 BOWLS

Für die Rohkost
2 Mairüben
1 Stange Staudensellerie
200 g junge Karotten
1 Apfel
200 g Erdbeeren
2 Stengel Basilikum
2–3 Stengel Kerbel
einige junge Blätter Salbei

Für den Joghurt-Dip
300 ml Naturjoghurt (mind. 3,5 % Fettgehalt)
3 TL süßer Senf
Salz

Zum Anrichten
8 EL Hafercrunch (siehe Seite 172)
einige rote Pfefferkörner
essbare Blüten

ZUBEREITUNG

ROHKOST

Die Mairüben, den Staudensellerie und die Karotten putzen und schälen. Den Apfel vom Kerngehäuse befreien. Das geschälte Gemüse und den Apfel in feine Streifen schneiden. Die Erdbeeren putzen und vierteln. Alles Gemüse und das Obst in eine Schüssel füllen. Die Kräuter waschen und trockenschütteln. Die Blätter von Basilikum und Kerbel abzupfen und zusammen mit den Salbeiblättern in die Schüssel geben. Alles vermischen.

JOGHURT-DIP

Den Joghurt mit dem Senf verrühren und mit Salz abschmecken.

ANRICHTEN

Den Joghurt-Dip auf die Schalen verteilen. Die Rohkost darauf anrichten und je 2 EL Hafercrunch darübergeben. Mit roten Pfefferkörnern und Blüten dekorieren.

TIPP

Erst zum Essen sollte alles gut vermischt werden.

SOJASCHNETZEL-SALAT

mit Rohkost und Asia-Salat

ZUBEREITUNGSZEIT: **ETWA 25 MINUTEN**

FÜR 4 BOWLS

Für den Sojaschnetzel-Salat
450 ml Gemüsebrühe
150 g Sojaschnetzel (Sojagranulat)
2–3 Schalotten
2 Frühlingszwiebeln
2–3 Stengel Koriander
2–3 Stengel Minze
1–2 Stengel Dill
2 EL geröstete Sonnenblumenkerne
2–3 EL Sojasauce (je nach Salzgehalt der Sauce)
2 EL Zitronensaft
Chilipulver oder -flocken

Für die Rohkost
8 Radieschen
2 große Karotten
½ Salatgurke

Zum Anrichten
4 Handvoll Asia-Salat

ZUBEREITUNG

SOJASCHNETZEL-SALAT

Die Gemüsebrühe aufkochen. Dann die Sojaschnetzel einrühren, vom Herd nehmen und 15 Minuten quellen lassen. Es sollte die gesamte Flüssigkeit aufgesaugt werden.
Die Schalotten abziehen und in feine Streifen schneiden. Frühlingszwiebel putzen und in feine Ringe schneiden. Die Kräuter waschen, trockenschütteln, die Blätter abzupfen und zerreißen oder grob hacken. Alles zusammen mit den Sonnenblumenkernen zu den Sojaschnetzeln geben. Die Sojasauce mit dem Zitronensaft und den Chiliflocken zu einem Dressing vermischen. Vor dem Servieren den Salat mit dem Dressing marinieren.

ROHKOST

Die Radieschen putzen und in Spalten schneiden. Die Karotten schälen. Dann von den Karotten und der Gurke mit dem Sparschäler Streifen abschälen und diese dann spiralförmig einrollen.

ANRICHTEN

Die Salatblätter auf die Schalen verteilen und den Sojaschnetzel-Salat darauf anrichten. Rundherum die Karotten- und Gurkenspiralen und die Radieschenspalten plazieren.

ZARTWEIZEN

mit Spargel, Erdbeeren und Ziegenfrischkäse

ZUBEREITUNGSZEIT: ETWA 20 MINUTEN

FÜR 4 BOWLS

Für den Zartweizen
½ Zwiebel
2 Knoblauchzehen
1 EL neutrales Pflanzenöl
220 g Zartweizen
200 ml Orangensaft
Salz
frisch gemahlener schwarzer Pfeffer
50 ml kalt gepresstes Sesamöl

Für die Spargelstreifen
20 mittelgroße Stangen Spargel (weiß, grün oder gemischt)

Zum Anrichten
¼ rote Zwiebel
400 g Erdbeeren
1 Handvoll Walnusskernhälften
2 Stengel Basilikum
2 Stengel Minze
1 Stengel Oregano
12 Kugeln Ziegenfrischkäse
rote Pfefferkörner
essbare Blüten
Radieschenblätter-Pesto (optional, siehe Seite 172)

ZUBEREITUNG

ZARTWEIZEN

Die Zwiebel und den Knoblauch abziehen und in feine Würfel schneiden. Das Öl in einem Kochtopf erhitzen und die Zwiebel und den Knoblauch darin glasig anbraten. Dann den Zartweizen zugeben, einmal umrühren und mit 400 ml Wasser und dem Orangensaft aufgießen. Mit Salz und Pfeffer würzen und zugedeckt 10 Minuten bei niedriger Hitze köcheln. Anschließend in eine Schüssel umfüllen und nach dem Auskühlen das Sesamöl unterrühren.

SPARGELSTREIFEN

Den Spargel schälen und mit einem Sparschäler feine Streifen abziehen. Die Streifen in Eiswasser legen. Vor dem Servieren gut abtropfen lassen.

ANRICHTEN

Die Zwiebel abziehen und in feine Streifen schneiden. Die Erdbeeren putzen und je nach Größe vierteln oder achteln. Die Walnusskernhälften halbieren. Die Kräuter waschen, trockenschütteln und die Blätter abzupfen.
Den Zartweizen auf die Schalen verteilen. Darüber die Spargelstreifen, die Erdbeeren, die Walnusskerne und die Kräuter anrichten. Je zwei Ziegenfrischkäsekugeln darauf plazieren. Mit den Pfefferkörnern und den Blüten garnieren. Nach Wunsch das Radieschenblätter-Pesto dazu servieren.

TIPP

Zartweizen wird aus Weizen hergestellt. Dazu wird dieser mit Wasserdampf vorgegart, anschließend getrocknet und geschält. Zartweizen ist ballaststoffreich, enthält Eiweiß, Phosphor, viel Vitamin B3 und ist fast fettfrei. Er ist vielfältig verwendbar z. B. als Beilage, im Auflauf, im Salat.

SPARGEL-POKE »HAWAIIANISCH«

mit gebratenem Reis

ZUBEREITUNGSZEIT: ETWA 60 MINUTEN

FÜR 4 BOWLS

Für den gebratenen Reis
200 g Mittelkornreis
2 EL Sushi-Reis-Marinade
2 EL neutrales Pflanzenöl

Für die Chilistreifen
1–2 große rote Chilischoten

Für das Spargel-Poke
1,2 kg weißer Spargel
1–2 Frühlingszwiebeln
4 EL Sojasauce
1 EL Ahornsirup
2 EL Zitronensaft
1 TL fein geriebener Ingwer
1 EL Sesamöl
1 EL geröstete weiße Sesamsaat

Für die Sprossen
200 g Mungbohnensprossen

Zum Anrichten
1 Handvoll Blätter Asia-Salat

TIPPS

Hier eignet sich am besten weißer Spargel, da er mehr Süße hat als grüner Spargel.

Der Mittelkornreis ist neben dem Lang- und Rundkornreis der dritte Grundtyp. Mittelkornreissorten sind eine Art Mischform aus Rund- und Langkornreis. Die Reiskörner sind zwischen 5,2 und 6 Millimetern lang und etwas breit.

ZUBEREITUNG

GEBRATENER REIS

Den Reis waschen und nach Packungsangabe dämpfen. Die Sushi-Reis-Marinade über den noch heißen Reis gießen und vorsichtig unterheben. Den Reis dann sofort in eine Form drücken, mit Folie abdecken und zum Auskühlen beiseitestellen. Vor dem Servieren den Reis aus der Form lösen und in 1 cm dicke Dreiecke schneiden. Das Öl in einer Pfanne erhitzen und die Reisdreiecke darin goldbraun braten.

CHILISTREIFEN

Die Chilischoten putzen und die Kerne entfernen. Dann die Schoten in feine Streifen schneiden und diese zum Einrollen in Eiswasser legen. Vor dem Servieren gut abtropfen lassen.

SPARGEL-POKE

Den Spargel schälen und 3 Minuten dampfgaren. Dann auf Küchenpapier abkühlen lassen. Die Spitzen 5 cm lang abschneiden und beiseitelegen. Den Rest schräg in 5 mm dicke Scheiben schneiden und in eine Schüssel geben. Die Frühlingszwiebel putzen, in feine Ringe schneiden und zu den Spargelscheiben geben. Die Sojasauce, den Ahornsirup, den Zitronensaft, den Ingwer und das Sesamöl zu einem Dressing verrühren. Vor dem Servieren die Spargelscheiben damit marinieren und die Sesamsaat untermischen.

SPROSSEN

Die Mungbohnensprossen 10 Sekunden in kochendem Wasser blanchieren. Dann kalt abschrecken und zum Abtropfen auf Küchenpapier legen.

ANRICHTEN

Mungbohnensprossen auf die vier Schalen verteilen. Das Spargel-Poke darauf anrichten und mit den Chilistreifen toppen. An den Rand abwechselnd die gebratenen Reisscheiben und die beiseitegestellten Spargelspitzen stellen. Einige Blätter Asia-Salat dazwischenstecken.

ZWEIERLEI VOM SPARGEL

mit Grünkern

ZUBEREITUNGSZEIT: **ETWA 45 MINUTEN PLUS 8 STUNDEN RUHEZEIT**

FÜR 4 BOWLS

Für das Dressing
3 EL Zitronensaft
3 EL neutrales Pflanzenöl
1 EL süßer Senf
Salz
frisch gemahlener schwarzer Pfeffer

Für den Grünkern
400 g Grünkern
2 EL Radieschenblätter-Pesto (siehe Seite 172)

Für den Spargel
12 mittelgroße Stangen Spargel (weiß, grün oder gemischt)
¼ rote Zwiebel
15 Blätter Bärlauch
2 EL Weizenmehl Type 405
1 Ei
70 g Panko-Brösel
30 g geriebener reifer Bergkäse
neutrales Pflanzenöl
Salz

Zum Anrichten
12 Radieschen
1 Handvoll Sauerampferblätter
2 EL geröstete Kürbiskerne
80 ml Kürbiskernöl
2 EL Radieschenblätter-Pesto (siehe Seite 172)

ZUBEREITUNG

DRESSING

Aus dem Zitronensaft, dem Öl und dem Senf ein Dressing rühren und mit Salz und Pfeffer abschmecken.

GRÜNKERN

Den Grünkern waschen und 8 Stunden in Wasser einweichen. Anschließend laut Packungsanleitung kochen und dann kalt abspülen. Vor dem Servieren den Grünkern mit dem Radieschenblätter-Pesto und ⅔ des Dressings (siehe Teilrezept) marinieren.

SPARGEL

Den Spargel putzen und gegebenenfalls schälen. Dann die Spitzen ca. 8 cm lang abschneiden und beiseitelegen. Den Rest der Stangen 3 Minuten in kochendem Salzwasser blanchieren und dann sofort kalt abschrecken. Die Stangen anschließend schräg in Scheiben schneiden und in eine Schüssel füllen. Die Zwiebel abziehen und in feine Streifen schneiden. Den Bärlauch waschen, trockenschütteln und in feine Streifen schneiden. Beides zu den Spargelscheiben geben. Vor dem Servieren mit dem restlichen Dressing marinieren. Das Weizenmehl in einer Schale ausbreiten, die Panko-Brösel mit dem Käse vermischen und in einer weiteren Schale ausbreiten. Das Ei in einer separaten Schale verquirlen. Mit den drei Schalen eine Panierstraße aufbauen. Das Öl erhitzen. Die beiseitegestellten Spargelspitzen erst mehlieren, dann durch das Ei ziehen und zum Schluss in den Panko-Bröseln wälzen. Anschließend sofort goldbraun frittieren. Danach auf Küchenpapier abtropfen lassen und etwas salzen.

ANRICHTEN

Die Radieschen putzen und in je sechs bis acht Spalten schneiden. Den Sauerampfer waschen und trockenschütteln.
Den marinierten Grünkern auf die Schale verteilen und darauf den Spargelsalat anrichten. Einige Sauerampferblätter um den Rand legen. Die Kürbiskerne darüberstreuen und die Radieschenspalten verteilen. Die frittierten Spargelspitzen darauflegen. Das Kürbiskernöl und etwas Radieschenblätter-Pesto darüberträufeln.

GOLDHIRSE

mit Rosmarin-Kirschen und Kürbiskernkrokant

ZUBEREITUNGSZEIT: **ETWA 30 MINUTEN**

FÜR 4 BOWLS

Für die Goldhirse
100 g Goldhirse
Salz
1 Lorbeerblatt

Für die Rosmarin-Kirschen
250 g Kirschen
1–2 Zweige Rosmarin
50 ml Rotweinessig
1 EL flüssiger Honig
etwas Chilipulver
Salz

Für die gegrillten Frühlingszwiebeln
1–2 Frühlingszwiebeln

Zum Anrichten
2 Handvoll Blattsalate
2 EL gehackter Kürbiskernkrokant (siehe Seite 172)
kleine Zweige Rosmarin

ZUBEREITUNG

GOLDHIRSE

Die Goldhirse laut Packungsanleitung kochen. Dazu das Wasser gut salzen und das Lorbeerblatt zugeben. Dann die Goldhirse durch ein Sieb gießen, kalt abspülen und gut abtropfen lassen.

ROSMARIN-KIRSCHEN

Die Kirschen waschen und entsteinen. Den Rosmarin waschen, gut trockenschütteln, die Nadeln abzupfen und grob hacken. Den Rotweinessig in einer Pfanne zum Kochen bringen und um die Hälfte einreduzieren. Dann den Honig sowie den Rosmarin zugeben und aufkochen. Die Kirschen zugeben und 1 Minute köcheln. Anschließend vom Herd nehmen und mit etwas Chilipulver sowie Salz abschmecken. Vor dem Servieren abkühlen lassen.

GEGRILLTE FRÜHLINGSZWIEBELN

Die Frühlingszwiebeln putzen und in 3 cm lange Stücke schneiden. Diese auf der Grillplatte kurz grillen, bis sie sich dunkelbraun verfärben.

ANRICHTEN

Die Salatblätter auf die Schalen verteilen. Die Goldhirse mittig anrichten und die Rosmarin-Kirschen darübergeben. Den Sud der Kirschen über die Kirschen und den Blattsalat träufeln. Den Kürbiskernkrokant darüberbröseln und mit den Rosmarinzweigen garnieren.

Sommer

Kurz-Hütte

SAFRAN-LINSEN

mit Auberginenrolle, Stängelkohl und Radieschen

ZUBEREITUNGSZEIT: ETWA 30 MINUTEN

FÜR 4 BOWLS

Für die Auberginenrolle
1 Aubergine
Salz
2 EL neutrales Pflanzenöl
4 Radieschen
300 g Stängelkohl (Cima di Rapa)
200 g Tofu
2 EL Baharat-Gewürzmischung (siehe Seite 170)
einige Blätter Minze

Für die eingelegten Rosinen
2 EL Rosinen
50 ml trockener Weißwein

Für die Safran-Linsen
½ Zwiebel
1 EL neutrales Pflanzenöl
400 g gelbe Linsen
800 ml Gemüsebrühe
Safranfäden
Salz
frisch gemahlener schwarzer Pfeffer
2 EL Zitronensaft

Zum Anrichten
4 EL Naturjoghurt (mind. 3,5 % Fettgehalt)
4 TL Minzöl (siehe Seite 170)
einige essbare Blüten
4 Fladenbrote (optional)

ZUBEREITUNG

AUBERGINENROLLE

Die Aubergine putzen und längs in 4–5 mm dicke Scheiben schneiden. Diese salzen und 15 Minuten ruhen lassen. Die ausgetretene Flüssigkeit mit Küchenpapier abtupfen. Das Öl in einer Pfanne erhitzen und die Scheiben auf beiden Seiten je 2 Minuten braten. Aus der Pfanne nehmen und auf Küchenpapier abtropfen lassen. Die Radieschen putzen und in je acht bis neun Spalten schneiden. Den Stängelkohl putzen und auf 10–12 cm kürzen. Den Tofu in vier 8–10 cm lange Stücke schneiden, salzen und in Baharat-Gewürz wenden, sodass alle langen Seiten gut gewürzt sind. Etwas Öl in einer Pfanne erhitzen und bei mittlerer Hitze den Tofu auf allen vier gewürzten Seiten braten. Dabei sollte das Gewürz dunkelbraun, aber nicht schwarz werden. Den Tofu aus der Pfanne nehmen und beiseitestellen. Dann in derselben Pfanne mit den Restgewürzen die Radieschen und den Stängelkohl 3 Minuten braten. Mit Salz würzen.
Die Auberginenscheiben auf einer Arbeitsplatte zu vier Flächen auslegen, die der Länge der Tofustücke entsprechen. Je ein Stück Tofu und einige Blätter Minze darauflegen und das Ganze so einrollen, dass die Verschlussstelle unten liegt.

EINGELEGTE ROSINEN

Die Rosinen für 15 Minuten in Weißwein einlegen. Vor dem Servieren etwas abtropfen lassen.

SAFRAN-LINSEN

Die Zwiebel abziehen und in kleine Würfel schneiden. Das Öl in einem Kochtopf erhitzen und die Zwiebel glasig anbraten. Die Linsen gut waschen und zugeben. Mit der Gemüsebrühe auffüllen, die Safranfäden, Salz und Pfeffer zugeben. Das Ganze zugedeckt etwa 10 Minuten bei niedriger Hitze köcheln. Am Ende der Garzeit sollte die Flüssigkeit aufgesaugt sein. Die Linsen zum Abkühlen in eine Schüssel geben, mit Zitronensaft würzen und mit Salz abschmecken.

ANRICHTEN

Die Linsen auf die Schalen verteilen und jeweils eine Auberginenrolle darauflegen. Rundherum den Stängelkohl und die Radieschen anrichten. Die Rosinen darüber verteilen. Je 1 EL Joghurt und 1 TL Minzöl über die Auberginenrolle geben und mit essbaren Blüten garnieren. Nach Wunsch ein Fladenbrot dazu servieren.

BOWL IN A BOWL

Melonen mit Schafskäse

ZUBEREITUNGSZEIT: ETWA 15 MINUTEN

FÜR 4 BOWLS

Für die Melonen
2 Cantaloupe-Melonen
500 g Wassermelone
1 Honigmelone

Zum Anrichten
Crushed-Eis
einige Walnusskerne
200 g Schafskäse (Feta)
4 EL Haselnuss-Hafercrunch (siehe Seite 172)
Basilikumblätter
einige Blätter Minze
einige Zweige Thymian
essbare Blüten

ZUBEREITUNG

MELONEN

Die Cantaloupe-Melonen halbieren. Das Fruchtfleisch mit einem Löffel herausschälen und in mundgerechte Stücke schneiden. Alternativ mit einem Parisienne-Ausstecher kleine Kugeln ausstechen. In die leeren Cantaloupe-Schalen mit einem spitzen Messer ein dekoratives Muster schnitzen. Das Fruchtfleisch der Wasser- und Honigmelone ebenfalls in mundgerechte Stücke schneiden oder Kugeln ausstechen. Alle Melonenstücke bzw. -kugeln in eine Schüssel geben und mischen.

ANRICHTEN

Die Cantaloupe-Hälften in mit Eis gefüllte Schalen setzen. Dann die Melonenstücke einfüllen und die Walnusskerne sowie den Feta darüberbröseln. Darüber den Haselnuss-Hafercrunch und die Kräuterblätter verteilen. Mit den Blüten garnieren.

BUCHWEIZEN-TABOULÉ

mit frittierten Auberginen

ZUBEREITUNGSZEIT: ETWA 30 MINUTEN

FÜR 4 BOWLS

Für das Buchweizen-Taboulé
200 g Buchweizen
Salz
½ rote Zwiebel
3 Knoblauchzehen
¼ Gurke
4 mittelgroße Tomaten
3–4 Stengel Minze
1 Bund glatte Petersilie
3 EL Oliven- oder Nussöl
2 EL Zitronensaft
Salz
frisch gemahlener schwarzer Pfeffer

Für die frittieren Auberginen
2 mittelgroße Auberginen
Salz
1 EL Kürbiskerne
3 EL Panko oder Semmelbrösel
1 Ei
2 EL Weizenmehl Type 405
neutrales Pflanzenöl

Zum Anrichten
Salatgurke
Radieschen
einige Blätter Minze
etwas glatte Petersilie
Miso-Mayonnaise (optional)

ZUBEREITUNG

BUCHWEIZEN-TABOULÉ

Den Buchweizen waschen und laut Packungsanleitung kochen. Dann durch ein Sieb gießen, kalt abspülen, gut abtropfen lassen und in eine Schüssel umfüllen. Die Zwiebel und den Knoblauch abziehen. Die Zwiebel in feine Würfel schneiden, den Knoblauch fein hacken. Die Tomaten halbieren, den Stielansatz und die Kerne entfernen. Die Gurke nach Wunsch schälen und die Kerne entfernen. Beides in kleine Würfel schneiden. Die Kräuter waschen, trockenschütteln, die Blätter abzupfen und fein hacken. Kurz vor dem Servieren die vorbereiteten Zutaten, das Öl sowie den Zitronensaft zum Buchweizen geben und alles gut vermischen. Mit Salz und Pfeffer abschmecken.

FÜR DIE FRITTIERTEN AUBERGINEN

Die Auberginen schälen und quer in 1 cm dicke Scheiben schneiden. Nach Wunsch die Schale entfernen bzw. mit einem runden Ausstecher in gleich große Scheiben ausstechen. Die Scheiben salzen und 15 Minuten ruhen lassen. Mit einem Küchenpapier die ausgetretene Flüssigkeit abtupfen. Die Kürbiskerne grob hacken und in einer flachen Schale mit dem Panko vermischen. Das Ei in einer separaten flachen Schale verquirlen. Das Mehl in einer separaten flachen Schale ausbreiten. Das Öl erhitzen. Die Auberginenscheiben erst im Mehl wenden, dann durch das Ei ziehen und zum Schluss in den Kürbiskernbröseln wenden. Die panierten Auberginenscheiben sofort im heißen Öl goldbraun backen. Anschließend auf Küchenpapier abtropfen lassen.

ANRICHTEN

Die Gurke und die Radieschen in dünne Scheiben schneiden. Das Buchweizen-Taboulé auf die Schalen verteilen. Außen einen Rand aus abwechselnd Gurken- und Radieschenscheiben bilden. Die heißen Auberginen auf dem Taboulé anrichten. Mit je einem Stengel Minze und Petersilie dekorieren. Nach Wunsch etwas Miso-Mayonnaise über die Auberginen träufeln.

MIT LINSEN GEFÜLLTE PAPRIKA

und gebackener Brie

ZUBEREITUNGSZEIT: ETWA 45 MINUTEN

FÜR 4 BOWLS

Für die gefüllte Paprika
150 g Berglinsen
1 Lorbeerblatt
Salz
2 gelbe Paprikaschoten
½ Zwiebel
2–3 Knoblauchzehen
1 EL neutrales Pflanzenöl
1 Handvoll Mangoldblätter
8–12 getrocknete Tomaten
1 TL scharfer Senf
1 TL süßer Senf
2 EL weißer Essig
Salz
frisch gemahlener schwarzer Pfeffer
2 Zweige Rosmarin
einige Zweige Thymian

Für das Gemüsestroh
1 dünne Stange Lauch
1 Karotte
1 kleine Knolle rote Bete
neutrales Pflanzenöl zum Frittieren

Für den gebackenen Brie
200 g Brie
2 EL Weizenmehl Type 405
1 Ei
4 EL Panko oder Semmelbrösel
neutrales Pflanzenöl zum Frittieren

Zum Anrichten
Paprikacreme (siehe Rezept »Gebackene Aubergine mit Paprikacreme und Quinoa« Seite 80)
Salatblätter nach Wahl

ZUBEREITUNG

GEFÜLLTE PAPRIKA

Die Berglinsen nach Packungsanleitung kochen. Dabei das Wasser gut salzen und das Lorbeerblatt zugeben. Anschießend durch ein Sieb gießen und gut abtropfen lassen.
Die Paprikaschoten waschen, halbieren und das Kerngehäuse entfernen. Die Paprikahälften mit der Schnittfläche nach oben nebeneinander auf ein Backblech legen und im auf 200 °C vorgeheizten Backofen (Ober-/Unterhitze) 10 Minuten backen. Die Paprikaschoten dann beiseitelegen.
Die Zwiebel und den Knoblauch abziehen. Die Zwiebel in feine Würfel schneiden, den Knoblauch fein hacken. Die Mangoldblätter waschen, trockentupfen und etwas zerkleinern. Die getrockneten Tomaten nach Wunsch etwas klein schneiden. Das Öl in einer Pfanne erhitzen und die Zwiebel und den Knoblauch glasig andünsten. Dann die Mangoldblätter, die gekochten Linsen und getrocknete Tomaten zugeben. Mit den beiden Senfsorten, dem Essig, Salz und Pfeffer würzen. Die Kräuter waschen, trockenschütteln, die Nadeln bzw. Blätter abzupfen und untermischen. Die Füllung 2 Minuten braten und dann die Paprikahälften damit befüllen.

GEMÜSESTROH

Das Gemüse putzen bzw. schälen und in sehr feine Streifen schneiden oder hobeln. Das Öl erhitzen und die Gemüsestreifen knusprig frittieren. Dann auf Küchenpapier abtropfen lassen.

FÜR DEN GEBACKENEN BRIE

Den Käse in acht Ecken schneiden. Aus dem Mehl, dem Ei und den Bröseln eine Panierstraße aufbauen und die Käseecken panieren. Sofort im heißen Öl goldbraun backen und auf Küchenpapier abtropfen lassen.

ANRICHTEN

Die Paprikacreme auf die Schalen verteilen und je eine gefüllte Paprikahälfte daraufsetzen. Das Gemüsestroh über die Paprikahälften verteilen. Seitlich dekorativ die Salatblätter und je zwei Brieecken anrichten.

GEBACKENE AUBERGINE

mit Paprikacreme und Quinoa

ZUBEREITUNGSZEIT: ETWA 30 MINUTEN

FÜR 4 BOWLS

Für die Paprikacreme
2 rote Paprikaschoten
2 Knoblauchzehen
50 ml natives Olivenöl extra
Salz
frisch gemahlener schwarzer Pfeffer

Für die gebackenen Auberginen
2 mittelgroße Auberginen
4 TL Ahornsirup
2 TL Ras-el-Hanout-Gewürzmischung (siehe Seite 170)
Salz
2 EL neutrales Pflanzenöl

Für die Quinoa
100 g bunte Quinoa
Salz
1 EL Butter

Für den Mangold
2 Handvoll junger Mangold
1 EL neutrales Pflanzenöl
Salz
frisch gemahlener schwarzer Pfeffer

Zum Anrichten
120 g Hüttenkäse
Abrieb von ½ unbehandelten Zitrone
etwas Zitronensaft
2 EL Haselnuss-Hafercrunch (siehe Seite 172)
essbare Blüten

ZUBEREITUNG

PAPRIKACREME

Die Paprikaschoten waschen, halbieren und entkernen. Die Paprikahälften mit der Schnittfläche nach unten nebeneinander auf ein Backblech legen und im auf 200 °C vorgeheizten Backofen (Ober-/Unterhitze) 20 Minuten backen. Dann aus dem Ofen nehmen und kurz mit einem feuchten Tuch abdecken. Sobald die Paprikaschoten etwas abgekühlt sind, die Haut abziehen. Das Fruchtfleisch dann in Stücke schneiden. Den Knoblauch abziehen und grob hacken. Die Paprika und den Knoblauch zusammen in einen hohen Mixbecher füllen und unter Zugabe des Öls mit einem Stabmixer fein pürieren. Dann mit Salz und Pfeffer abschmecken.

GEBACKENE AUBERGINEN

Die Auberginen putzen, längs halbieren und die Schnittflächen in 1 cm Abstand kreuzweise einschneiden. Schnittflächen gut mit dem Ahornsirup, der Gewürzmischung sowie Salz würzen und mit dem Öl einpinseln. Die Hälften mit der Schnittfläche nach oben nebeneinander auf ein Backblech legen und im auf 180 °C vorgeheizten Backofen (Ober-/Unterhitze) 20 Minuten backen.

QUINOA

Die Quinoa gut waschen, nach Packungsanleitung in Salzwasser kochen, abseihen und die Butter untermischen.

MANGOLD

Den Mangold waschen und gegebenenfalls in kleine Stücke zerteilen. Das Öl in einer Pfanne erhitzen und den Mangold scharf anbraten. Mit Salz und Pfeffer würzen.

ANRICHTEN

Die Quinoa auf einer Seite der Schale anrichten. Je eine Auberginenhälfte darauflegen und die Paprikacreme danebengießen. Den Mangold und den Hüttenkäse auf der Aubergine anrichten. Etwas Zitronenschale fein über die Aubergine reiben und etwas Zitronensaft darüberträufeln. Zuletzt Haselnuss-Hafercrunch darüberstreuen. Mit einer Blüte garnieren.

GEBRATENES SOMMERGEMÜSE

mit Tofuspießen und Teriyaki-Sauce

ZUBEREITUNGSZEIT: **ETWA 45 MINUTEN**

FÜR 4 BOWLS

Für die Teriyaki-Sauce
3 cm Ingwer
5 Knoblauchzehen
1 EL neutrales Pflanzenöl
4 EL Zucker
200 ml Sojasauce
4 EL trockener Weißwein
2 EL flüssiger Honig
1 EL Sesamöl
1–2 TL Maisstärkemehl

Für das gebratene Sommergemüse
300 g Stängelkohl (Cime di Rape)
1 mittelgroße Zucchini
4 Schalotten
1 rote Paprikaschote
4 kleine Karotten
4 milde Chilischoten
150 g Zuckererbsenschoten
4 Champignons
100 g Mungbohnensprossen
2–3 EL Öl

Für die Tofuspieße
280 g Tofu
Salz
8 kleine Spießchen
1 EL Maisstärkemehl
1 Ei
2 EL weiße Sesamsaat
neutrales Pflanzenöl

Für die Ringelbete
1 Knolle Ringelbete

Zum Anrichten
200 g gegarter Mittelkornreis
geröstete weiße Sesamsaat

ZUBEREITUNG

TERIYAKI-SAUCE
Den Knoblauch abziehen, den Ingwer abschaben. Beides in dünne Scheiben schneiden. Das Öl in einem Kochtopf erhitzen und beide darin glasig braten. Den Zucker zugeben und unter stetem Rühren zu hellem Karamell erhitzen. Mit 200 ml Wasser ablöschen und die Sojasauce, den Weißwein und den Honig zugeben. Die Sauce 15 Minuten bei niedriger Hitze köcheln und reduzieren. Zuletzt das Sesamöl unterrühren. Die kochende Sauce mit in kaltem Wasser glattgerührter Stärke bis zur gewünschten Konsistenz binden.

GEBRATENES SOMMERGEMÜSE
Das Gemüse putzen, gegebenenfalls schälen und entkernen. Dann alles in mundgerechte Stücke schneiden. Alle Gemüse in einer Pfanne in heißem Öl kurz und scharf anbraten.

TOFUSPIESSE
Den Tofu in mundgerechte Würfel schneiden, salzen und auf die Spießchen stecken. Aus dem Stärkemehl, dem Ei und der Sesamsaat eine Panierstraße aufbauen und die Spieße panieren. In einer Pfanne mit 1 cm hoch Öl erhitzen und die Spieße knusprig goldbraun backen. Auf Küchenpapier abtropfen lassen.

RINGELBETE
Die Ringelbete putzen und schälen. Dann die Knolle in sehr dünne Scheiben hobeln und diese zum Servieren tütenförmig zusammendrehen.

ANRICHTEN
Den Reis auf die Schalen verteilen. Das gebratene Sommergemüse darauf anrichten und je zwei Tofuspieße dazulegen. Mit Sesamsaat bestreuen und die Teriyaki-Sauce darüberträufeln.

TIPP

Traditionell hergestellte Teriyaki-Sauce enthält japanischen Mirin und Sake, diese wurden durch etwas heimischen Weißwein ersetzt.

JELLIED GAZPACHO

mit Eier-Tofu-Custard

ZUBEREITUNGSZEIT: ETWA 45 MINUTEN PLUS 1 STUNDE RUHEZEIT

FÜR 4 BOWLS

Für die Gazpacho
1 rote Paprikaschote
1 gelbe Paprikaschote
2 Tomaten
½ Salatgurke
10 cm Staudensellerie
½ kleine Zwiebel
2–3 Knoblauchzehen
8 kleine Kirschtomaten
200 ml Tomatensaft
200 ml Gemüsebrühe
3 EL Sherry-Essig
Salz
Chilipulver
2 g Agar-Agar

Für den Eier-Tofu-Custard
3 Eier (Größe M, 150 g)
150 g Sojadrink
Salz
frisch gemahlener schwarzer Pfeffer

Für das Kräutertopping
4 EL gemischte Kräuter
1 EL natives Olivenöl extra
Salz
frisch gemahlener Zitronenpfeffer

Zum Anrichten
einige Maistortillas (siehe Seite 174)
essbare Blüten
4 rote Bete-Tuiles

ZUBEREITUNG

GAZPACHO

Die Paprikaschoten und die Tomaten halbieren und entkernen. Die Gurke und den Staudensellerie putzen. Das Gemüse dann in kleine Würfel schneiden. Die Kirschtomaten halbieren. Die Zwiebel und den Knoblauch abziehen. Die Zwiebel in feine Würfel schneiden, den Knoblauch fein hacken. Den Tomatensaft und die Gemüsebrühe in einen Kochtopf geben und mit dem Essig, dem Knoblauch, Salz und Chilipulver würzen. Das Agar-Agar einrühren und die Flüssigkeit aufkochen. 2 Minuten leicht köcheln lassen und dabei gelegentlich umrühren. Anschließend die Suppe auf ca. 50 °C abkühlen und dann das Gemüse einrühren. Die Gazpacho auf die Schalen verteilen und bis zum Servieren kühl stellen.

EIER-TOFU-CUSTARD

Die Eier und den Sojadrink in einem hohen Mixbecher mit einem Stabmixer gut verquirlen. Mit Salz und Pfeffer würzen und durch ein Haarsieb in eine ofenfeste, beschichtete Schale abseihen. Die Schüssel mit Frischhaltefolie abdecken und die Eiermasse in einem auf 80 °C temperierten Wasserbad ca. 20 Minuten pochieren. Dann den Eier-Tofu-Custard kühlstellen. Vor dem Servieren den Custard aus der Schüssel lösen und in vier Teile aufteilen.

KRÄUTERTOPPING

Die Kräuter waschen, sehr gut trockentupfen und zerpflücken. In einer Schale mit dem Öl vermischen und mit Salz sowie Zitronenpfeffer würzen.

ANRICHTEN

Die gut gekühlten Eier-Tofu-Custards auf die gelierte Gazpacho legen. Das Kräutertopping darauf anrichten. Einige Tortillas an den Rand stellen und mit Blüten und der Tuile garnieren.

TIPP

Sollte keine antihaftbeschichtete Schale vorrätig sein, empfiehlt es sich, die Form zuerst mit Frischhaltefolie auszulegen.

PFIRSICHE

mit Hüttenkäse und Karamellsauce

ZUBEREITUNGSZEIT: **ETWA 30 MINUTEN**

FÜR 4 BOWLS

Für die Karamellsauce
200 g Zucker
200 g flüssige Sahne
50 g Butter
¼ TL gemahlener Anis
1 Prise Salz

Für die Pfirsiche
1 kg Pfirsiche
etwas Salz
Chilipulver

Zum Anrichten
2 Stengel Basilikum
2 Lavendelblüten
2 EL Haselnusskerne
280 g Hüttenkäse
4 EL gepoppter Dinkel

ZUBEREITUNG

KARAMELLSAUCE

Den Zucker mit 50 ml Wasser in einem Kochtopf bei mittlerer Hitze aufkochen, bis die Mischung goldbraun karamellisiert ist. Mit der Sahne ablöschen und den Karamell leicht köcheln, bis sich alles aufgelöst hat. Dann die Butter, den Anis und das Salz einrühren. Die Karamellsauce abkühlen lassen.

PFIRSICHE

Die Pfirsiche halbieren und entsteinen. Das Fruchtfleisch dann in 1 cm breite Spalten schneiden. Leicht mit Salz würzen und etwas Chilipulver darüberstreuen. Die Spalten nebeneinander auf ein mit Backpapier ausgelegtes Backblech legen und im auf 200 °C vorgeheizten Backofen (Ober-/Unterhitze) 5 Minuten backen.

ANRICHTEN

Die Basilikumblätter und die Lavendelblüten abzupfen. Die Haselnusskerne grob hacken und in einer beschichteten Pfanne ohne Fettzugabe kurz rösten.
Die Pfirsiche auf die Schalen verteilen und darauf den Hüttenkäse anrichten. Die Basilikumblätter, die Lavendelblüten, die Haselnüsse und den gepoppten Dinkel darüberstreuen. 1–2 EL Karamellsauce darüber verteilen.

ROTE-BETE-IGEL

mit Auberginencreme

ZUBEREITUNGSZEIT: ETWA 60 MINUTEN

FÜR 4 BOWLS

Für die Rote-Bete-Igel
4 mittelgroße Knollen Rote Bete
2 EL neutrales Pflanzenöl
1 TL Ras El-Hanout-Gewürzmischung (siehe Seite 170)
Salz

Für die Auberginencreme
1 mittelgroße Aubergine
1–2 Knoblauchzehen
2 EL natives Olivenöl extra
2 EL Naturjoghurt (mind. 3,5 % Fettgehalt)
Salz
frisch gemahlener schwarzer Pfeffer

Zum Anrichten
100 ml Minzöl (siehe Seite 170)
1 EL geröstete Sonnenblumenkerne
einige getrocknete Karottenstreifen (siehe Seite 175)
getrocknete Rosenblüten (siehe Seite 175)
frische essbare Blüten

ZUBEREITUNG

ROTE-BETE-IGEL

Die Rote Bete schälen und dann kreuzförmig alle 5 mm einschneiden. Dabei nur etwa 3/4 tief einschneiden, damit die Knolle nicht auseinanderfallen kann. Das Öl mit der Gewürzmischung verrühren und mit einem Pinsel die Knollen gut damit einstreichen. Danach mit Salz würzen. Die Knollen nebeneinander in einer ofenfesten Form im auf 180 °C vorgeheizten Backofen (Ober-/Unterhitze) je nach Größe der Knolle und gewünschter Konsistenz ca. 45–60 Minuten backen.

FÜR DIE AUBERGINENCREME

Die Auberginen mit einer Gabel rundherum einstechen und nebeneinander in einer ofenfesten Form im auf 180 °C vorgeheizten Backofen (Ober-/Unterhitze) 30 Minuten garen. Bei einer Garprobe sollten die Auberginen innen mousseartig weich sein. Die Auberginen dann längs aufschneiden, mit einem Esslöffel das Fruchtfleisch herausschaben und in einen Standmixer füllen. Den Knoblauch abziehen, klein schneiden und zur Aubergine geben. Das Ganze dann zusammen mit dem Öl cremig pürieren. Anschließend den Joghurt unterrühren und mit Salz und Pfeffer abschmecken.

ANRICHTEN

Die Auberginencreme auf vier Schalen verteilen und mittig die Rote-Bete-Igel anrichten. Um den Tellerrand herum etwas Minzöl träufeln. Einige geröstete Sonnenblumenkerne darüberstreuen. Mit den Karotten, den Rosenblütenblättern und Blüten garnieren.

ZIEGENKÄSECREME

mit gebratenen Nektarinen

ZUBEREITUNGSZEIT: **ETWA 15 MINUTEN PLUS 60 MINUTEN RUHEZEIT**

FÜR 4 BOWLS

Für die Ziegenkäsecreme
300 g Ziegenfrischkäse
150 g Sauerrahm oder Schmand
4–5 Stengel Dill
Abrieb einer ½ unbehandelten Zitrone
1 EL Zitronensaft
Salz
frisch gemahlener schwarzer Pfeffer

Für die gebratenen Nektarinen
4 Nektarinen
1 EL Madras Currypulver (mild oder scharf)
1 EL neutrales Pflanzenöl

Zum Anrichten
2 Knospen roten Chicorée
frische Sprossen
essbare Blüten
Kräuter
dünnes, knuspriges Pizzabrot (siehe Seite 174)

ZUBEREITUNG

ZIEGENKÄSECREME

Den Ziegenfrischkäse und den Sauerrahm in einem hohen Mixbecher mit einem Stabmixer aufmixen. Den Dill waschen, trockenschütteln und die Blätter abzupfen. Diese mit dem Zitronenabrieb und -saft ebenfalls untermixen. Die Creme mit Salz und Pfeffer abschmecken und 1 Stunde in den Kühlschrank stellen.

GEBRATENE NEKTARINEN

Die Nektarinen halbieren, entsteinen und in Spalten schneiden. Die Spalten gut mit Curry würzen. Das Öl in einer Grillpfanne erhitzen und die Nektarinenspalten kurz scharf angrillen.

ANRICHTEN

Den Chicorée in die einzelnen Blätter zerteilen und diese waschen und trockentupfen. Die Ziegenkäsecreme auf die Schalen verteilen. Die Nektarinenspalten jeweils in ein Chicoréeblatt hüllen und am Rand anrichten. Daneben einige Sprossen plazieren. Mit den Blüten und Kräutern garnieren. Das Pizzabrot dazu servieren.

DINKELREIS

mit spicy Gemüse und Aprikosen

ZUBEREITUNGSZEIT: 45 MINUTEN

FÜR 4 BOWLS

Für den Dinkelreis
100 g Dinkelreis
Salz
½ Zwiebel
einige Gewürznelken
2–3 Stengel Koriander
2 EL Haselnuss- oder Walnussöl

Für das spicy Gemüse
2 TL geräuchertes Paprikapulver
1 getrocknete Chilischote
1 TL Knoblauchpulver
½ TL gemahlener Kreuzkümmel
1 Msp. gemahlene Gewürznelke
½ TL gemahlene Fenchelsaat
1,2 kg Gemüse nach Wahl (z. B. Blumenkohl, Brokkoli, Zucchini, Karotten, Fenchel, Zuckererbsenschoten, rote Zwiebeln)
4 Aprikosen
2 EL neutrales Pflanzenöl
Salz

Für das Sonnenblumenkern-Dressing
6 EL Sonnenblumenkern-Paste (siehe Seite 172)
6 EL Buttermilch
2 TL Weißweinessig
2 TL gemahlene Kurkuma
2 TL Zitronensaft
Salz
frisch gemahlener schwarzer Pfeffer

Zum Anrichten
saisonale Beeren (z. B. Himbeeren, Johannisbeeren, Stachelbeeren)
frische Sprossen

ZUBEREITUNG

DINKELREIS

Den Dinkelreis nach Packungsanleitung garen, dabei das Wasser gut salzen und die mit Gewürznelken gespickte Zwiebel zugeben. Den Koriander waschen, trockentupfen, die Blätter abzupfen und grob hacken. Den gegarten Dinkelreis mit dem Koriander und dem Öl vermischen. Gegebenenfalls mit Salz abschmecken.

SPICY GEMÜSE

Die Gewürze vermischen. Das Gemüse putzen, gegebenenfalls schälen und in mundgerechte Stücke schneiden. Die Aprikosen halbieren, entsteinen, entsprechend ihrer Größe nochmals teilen. Das Öl in einer Pfanne erhitzen und nach und nach das Gemüse zugeben. Dabei erst Sorten, die eine längere Garzeit benötigen, wie z. B. Karotten oder Blumenkohl, in die Pfanne geben. Zuletzt die Aprikosen zugeben. Dann mit der vorbereiteten Gewürzmischung und Salz gut würzen.

SONNENBLUMENKERN-DRESSING

Alle Zutaten gut verrühren und mit Salz und Pfeffer abschmecken.

ANRICHTEN

Den Dinkelreis auf die Schalen verteilen. Das spicy Gemüse und die Aprikosen darauf anrichten. Die Beeren und Sprossen darüberstreuen und etwas Sonnenblumenkern-Dressing darübergeben.

RÜHREI

mit Sojaschnetzel und Rettich

ZUBEREITUNGSZEIT: ETWA 25 MINUTEN

FÜR 4 BOWLS

Für das Rührei mit Sojaschnetzel
450 ml Gemüsebrühe
150 g Sojaschnetzel (Sojagranulat)
1 rote Zwiebel
4 Eier
2 EL neutrales Pflanzenöl
Salz
frisch gemahlener schwarzer Pfeffer

Für den Rettich
500 g weißer Rettich

Zum Anrichten
2 Handvoll Blattsalate
2 Handvoll Brunnenkresse
1 Tiroler Schüttelbrot
essbare Blüten

ZUBEREITUNG

RÜHREI MIT SOJASCHNETZEL

Die Gemüsebrühe aufkochen. Dann die Sojaschnetzel einrühren, den Topf vom Herd nehmen und die Sojaschnetzel 15 Minuten quellen lassen. Sie sollten die gesamte Flüssigkeit aufsaugen. Die Zwiebel abziehen und in feine Streifen schneiden. Die Eier in eine Schüssel aufschlagen und verquirlen. Das Öl in einer Pfanne erhitzen und die Zwiebeln glasig anbraten. Dann die Eier und Sojaschnetzel zugeben und bei niedriger Hitze unter Rühren zu einem Rührei garen. Mit Salz und Pfeffer würzen.

RETTICH

Den Rettich schälen und in feine Streifen schneiden oder hobeln. Diese dann 10 Minuten in Eiswasser legen. Anschließend auf Küchenpapier abtropfen lassen.

ANRICHTEN

Die Blattsalate und die Brunnenkresse waschen, zerpflücken und trockentupfen. Drei Viertel davon auf die Schalen verteilen. Darauf erst den Rettich, dann das Rührei mit Sojaschnetzel, anrichten. Mit dem restlichen Salat-Brunnenkresse-Gemisch und essbaren Blüten garnieren. Das Schüttelbrot in Stücke brechen und an den Schüsselrändern hineinstecken.

SOMMERGEMÜSE-QUARK-TÖRTCHEN *mit Hafer und Erdbeerdressing*

ZUBEREITUNGSZEIT: 45 MINUTEN PLUS 8 STUNDEN RUHEZEIT

FÜR 4 BOWLS

Für den Hafer
200 g Hafer
1 Lorbeerblatt
1 Knoblauchzehe
Salz

Für das Sommergemüse-Quark-Törtchen
1 mittelgroße grüne Zucchini
1 mittelgroße gelbe Zucchini
1 mittelgroße Aubergine
2 EL neutrales Pflanzenöl
Salz
frisch gemahlener schwarzer Pfeffer
200 g Quark (Fettstufe nach Wunsch)
1 EL flüssiger Honig
1–2 TL Baharat-Gewürzmischung (siehe Seite 170)

Für das Erdbeerdressing
80 g Erdbeeren
1 Zweig Thymian
2 EL Rotweinessig
1–2 TL süßer Senf
4 EL Haselnuss- oder Walnussöl (alternativ natives Olivenöl extra)
Salz
frisch gemahlener schwarzer Pfeffer

Zum Anrichten
1 EL Thymianöl (siehe Seite 170)
4 Kirschtomaten
1 Handvoll kleine Salatblätter
einige Zweige Thymian
kleine essbare Blüten

ZUBEREITUNG

HAFER

Den Hafer 8 Stunden in Wasser einweichen. Dann abseihen und nach Packungsanleitung kochen. Dabei das Lorbeerblatt, den Knoblauch und Salz zum Kochwasser geben. Nach dem Kochen den Hafer abseihen und kurz abkühlen.

SOMMERGEMÜSE

Die Zucchini und die Aubergine putzen und in 2 mm dünne Scheiben schneiden. Sind die Zucchini dünner als die Aubergine, dann etwas schräg schneiden. Das Öl in einer Pfanne erhitzen. Die Gemüsescheiben auf beiden Seiten kurz anbraten und mit Salz sowie Pfeffer würzen.
Den Quark mit dem Honig und der Gewürzmischung verrühren und mit Salz sowie Pfeffer abschmecken. Vier Darioleformen oder schmale Tassen innen rundherum mit den Zucchini und Auberginenscheiben überlappend auslegen. Dann den Quark einfüllen und oben glattstreichen.

ERDBEERDRESSING

Die Erdbeeren putzen und in Stücke schneiden. Den Thymian waschen, trockentupfen und die Blättchen abzupfen. Diese zusammen mit den Erdbeeren und den restlichen Zutaten in ein hohes Gefäß geben und mit einem Stabmixer cremig aufmixen. Das Dressing mit Salz und Pfeffer abschmecken.

ANRICHTEN

Den Hafer mittig auf vier Schalen verteilen. Das Sommergemüse-Quark-Törtchen darauf stürzen. Das Erdbeerdressing rundherum verteilen und einige Tropfen Thymianöl darauf träufeln. Die halbierten Kirschtomaten und die Salatblätter auf und neben dem Törtchen anrichten. Mit den Thymianblättern und essbaren Blüten garnieren.

TOFU-»SOUVLAKI«

mit Berglinsen-»Hummus« und gebratenem Gemüse

ZUBEREITUNGSZEIT: ETWA 60 MINUTEN

FÜR 4 BOWLS

Für den Berglinsen-»Hummus«
150 g Berglinsen
Salz
1 Knolle Ofenknoblauch (siehe Seite 171)
1 TL gemahlener Kreuzkümmel
1 EL scharfes Paprikapulver
3 EL natives Olivenöl extra
3 EL Zitronensaft
3–4 EL Naturjoghurt (ca. 3,5 % Fettgehalt)
2 EL Sonnenblumenkern-Paste (siehe Seite 172)
1 kleines Bund glatte Petersilie
Salz

Für das Tofu-»Souvlaki«
250 g Räuchertofu
4 Knoblauchzehen
1–2 Stengel Oregano
1 EL Zitronensaft
12 kleine Spießchen
Salz
frisch gemahlener Zitronenpfeffer
1 EL Maisstärkemehl
1–2 EL neutrales Pflanzenöl

Für das gebratene Gemüse
2 Knoblauchzehen
2 EL neutrales Pflanzenöl
1 kleine Knolle Fenchel
20 Kirschtomaten
Salz
frisch gemahlener schwarzer Pfeffer

Zum Anrichten
2 Pfirsiche
4 große Blätter Kapuzinerkresse
Pitabrot-Ecken
essbare Blüten
4 Zweige Oregano

ZUBEREITUNG

BERGLINSEN-»HUMMUS«

Die Linsen waschen und laut Packungsanleitung in gesalzenem Wasser kochen. Abseihen, kalt abspülen und gut abtropfen lassen. Die einzelnen Knoblauchzehen aus dem gebackenen Knoblauch lösen. Diese zusammen mit den Linsen und den Gewürzen, dem Öl, dem Zitronensaft, dem Joghurt und der Paste in einen Standmixer füllen und fein pürieren. Die Petersilie waschen, trockenschütteln, die Blätter abzupfen und hacken. Die Petersilie unter den Linsen-»Hummus« rühren und mit Salz abschmecken.

TOFU-»SOUVLAKI«

Den Tofu in zwölf 7–10 mm dicke Streifen schneiden. Den Knoblauch abziehen und fein hacken. Den Oregano waschen, trockentupfen und die Blätter abzupfen. Beides mit dem Zitronensaft verrühren und die Tofustreifen mindestens 15 Minuten darin einlegen. Die Tofustreifen anschließend auf die Spießchen stecken und mit Salz und Zitronenpfeffer würzen. Das Stärkemehl in einer flachen Schale ausbreiten und die Spieße darin wenden. Das Öl in einer Pfanne erhitzen und die Spieße darin kurz braten.

GEBRATENES GEMÜSE

Den Knoblauch abziehen und in feine Scheibchen schneiden. Die Fenchelknolle putzen, halbieren und in 1 cm breite Spalten schneiden. Das Öl in einer Pfanne erhitzen und den Knoblauch, die Tomaten und den Fenchel zugeben. Das Gemüse 2–3 Minuten in der Pfanne durchschwenken und mit Salz sowie Pfeffer würzen.

ANRICHTEN

Die Pfirsiche halbieren, entsteinen und in Spalten schneiden. Jede Schale mit einem Kapuzinerkresseblatt auslegen. Den Berglinsen-»Hummus« auf einer Seite jeder Schale anrichten. Auf der anderen Seite die Brotecken, je drei Tofu-»Souvlaki« und einige Pfirsichspalten plazieren. Das gebratene Gemüse auf dem Hummus verteilen. Mit den essbaren Blüten und Oregano garnieren.

ZUCCHINIRÖLLCHEN

mit Rosmarin-Zartweizen und Ofenknoblauch

ZUBEREITUNGSZEIT: ETWA 30 MINUTEN

FÜR 4 BOWLS

Für die Zucchiniröllchen
1 mittelgroße gelbe Zucchini
1 mittelgroße grüne Zucchini
1 EL neutrales Pflanzenöl (optional)
Salz
1 rote Paprikaschote
200 g Schafsfrischkäse
Abrieb von ½ unbehandelten Zitrone
2 TL Zitronensaft
frisch gemahlener schwarzer Pfeffer
gemischte frische Kräuter (z. B. Basilikum, Salbei, glatte Petersilie)

Für den Rosmarin-Zartweizen
200 g Zartweizen
Salz
4 EL Rosmarin-Kürbiskern-Pesto (siehe Seite 171) plus etwas mehr zum Anrichten

Zum Anrichten
12 Blätter Radicchio
dünnes, knuspriges Pizzabrot (siehe Seite 174)
4 Knollen Ofenknoblauch (siehe Seite 171)
frische Sprossen
einige Zweige Rosmarin
essbare Blüten

ZUBEREITUNG

ZUCCHINIRÖLLCHEN

Die beiden Zucchini putzen und längs halbieren. Dann mit einem Schäler je acht 1–2 mm dünne Scheiben abschälen oder diese mit einem Hobel abschneiden. Die Zucchinischeiben entweder in etwas Öl anbraten oder 10 Sekunden mit heißem Wasser überbrühen. Anschließend abkühlen und mit Salz würzen. Die Paprikaschote halbieren, putzen und entkernen. Dann die beiden Hälften mit der Schnittseite nach unten in einer ofenfesten Form im auf 180 °C vorgeheizten Backofen (Ober-/Unterhitze) 15 Minuten braten. Anschließend aus dem Ofen nehmen und kurz mit einem feuchten Tuch abdecken. Danach die Schale abziehen. Die Paprikahälften so schneiden, dass sie zur Breite der Zucchinischeiben passen.
Den Schafskäse mit einer Gabel zerdrücken und mit dem Zitronensaft und -abrieb sowie Salz und Pfeffer glattrühren.
Einen grünen Zucchinistreifen auf der Arbeitsplatte auslegen. Dann einen gelbe Zucchinistreifen und einen Paprikastreifen auflegen.
2 TL Schafskäsecreme und einige Kräuter darauf verteilen, einrollen und fest verschließen.

FÜR DEN ROSMARIN-ZARTWEIZEN

Den Zartweizen laut Packungsanleitung in gesalzenem Wasser kochen. Abseihen, kalt abspülen und gut abtropfen lassen. Vor dem Servieren das Rosmarin-Kürbiskern-Pesto unterrühren.

ANRICHTEN

Je Schale drei Blätter Radicchio und drei Stücke Pizzabrot abwechselnd an den Rand stellen. Dann eine Portion Rosmarin-Zartweizen anrichten. Darauf je zwei Zucchiniröllchen und eine Knolle Ofenknoblauch plazieren. Mit Blüten, Sprossen und Rosmarin garnieren. Nach Wunsch noch etwas Rosmarin-Kürbiskern-Pesto dazu servieren.

Herbst

GEGRILLTER ROSEN- UND BLUMENKOHL *mit Dinkel-Risotto*

ZUBEREITUNGSZEIT: ETWA 40 MINUTEN

FÜR 4 BOWLS

Für das Dinkel-Risotto
1 kleine Zwiebel
3–4 Knoblauchzehen
2 EL neutrales Pflanzenöl
200 g Dinkelreis
100 ml trockener Weißwein
einige Fäden Safran
ca. 500 ml Gemüsebrühe
2–3 EL fein geriebener Hartkäse
2 EL Butter
Salz
frisch gemahlener schwarzer Pfeffer

Für den gegrillten Rosen- und Blumenkohl
3–4 Knoblauchzehen
2 TL fein geriebener Ingwer
¼ TL gemahlene Fenchelsamen
¼ TL gemahlene Kardamomkapseln
¼ TL gemahlene Pimentsamen
1 Prise gemahlener Zimt
1 Prise gemahlene Gewürznelken
2 TL gemahlene Kurkuma
Salz
Chiliflocken oder -pulver
200 ml Naturjoghurt (ca. 3,5 % Fettgehalt)
1 Blumenkohl
300 g Rosenkohl

Zum Anrichten
4 EL getrocknete Cranberrys
4 EL Natur-Skyr oder -joghurt
4 EL Röstzwiebel
12 kandierte Blütenblätter von Duftrosen

ZUBEREITUNG

DINKEL-RISOTTO
Die Zwiebel und den Knoblauch abziehen. Die Zwiebel in feine Würfel schneiden, den Knoblauch fein hacken. Das Öl in einem Kochtopf erhitzen und die Zwiebel und den Knoblauch darin glasig anbraten. Den Dinkelreis einrühren und mit dem Weißwein ablöschen. Die Safranfäden zugeben und mit 500 ml Gemüsebrühe aufgießen. Zugedeckt ca. 30 Minuten unter gelegentlichem Umrühren köcheln, bis die Dinkelkörner gar, aber noch bissfest sind. Gegebenenfalls noch etwas Gemüsebrühe nachgießen. Den Käse und die Butter unterrühren und mit Salz sowie Pfeffer abschmecken.

GEGRILLTER ROSEN- UND BLUMENKOHL
Für die Blumenkohl-Marinade den Knoblauch abziehen und fein hacken. Alle restlichen Gewürzzutaten mit dem Joghurt verrühren. Den Blumenkohl putzen, in ca. 1,5 cm dicke Scheiben schneiden und diese auf beiden Seiten großzügig mit der Marinade einstreichen. Den Rosenkohl putzen und mit Salz würzen. Die Blumenkohlscheiben dann auf ein mit Backpapier ausgelegtes Backblech legen und im auf 275 °C vorgeheizten Backofen (Grillstufe) 5 Minuten grillen. Sobald die Marinade trocken und leicht gebräunt ist, die Blumenkohlstücke wenden und den Rosenkohl dazulegen. Beides zusammen weitere etwa 5 Minuten grillen.

ANRICHTEN
Das Dinkel-Risotto auf die Schalen verteilen. Den Blumenkohl und den Rosenkohl darauf anrichten. Die Cranberrys darüberstreuen und je 1 EL Skyr bzw. Joghurt darauf geben. Mit den Röstzwiebeln und einigen kandierten Duftrosenblättern garnieren.

PFIFFERLING-GRIESSSCHMARRN

mit Buchweizensalat

ZUBEREITUNGSZEIT: ETWA 45 MINUTEN

FÜR 4 BOWLS

Für den Pfifferling-Grießschmarrn
300 ml Vollmilch
Salz
120 g Weizengrieß
2 EL Sauerrahm
600 g Pfifferlinge
5–6 Knoblauchzehen
½ Stange Lauch (weiße Anteile)
2 EL neutrales Pflanzenöl
frisch gemahlener schwarzer Pfeffer

Für den Buchweizensalat
200 g Buchweizen
1 kleines Bund glatte Petersilie
3–4 Stengel Minze
2–3 Knoblauchzehen
½ rote Zwiebel
4 EL natives Olivenöl extra
2 EL Zitronensaft
Salz
frisch gemahlener schwarzer Pfeffer

Zum Anrichten
1 Handvoll Rucola
1 rote Paprikaschote
10–12 Kirschtomaten
80 g Bergkäse
essbare Blüten
etwas glatte Petersilie

TIPP

Am besten eignen sich kleine bis mittelgroße Pfifferlinge. Sie bleiben nach dem Braten knackiger und sind geschmackvoller.

ZUBEREITUNG

PFIFFERLING-GRIESSSCHMARRN

Die Milch in einem Kochtopf aufkochen, etwas Salz zugeben und den Weizengrieß einrühren. Unter stetigem Rühren 3–4 Minuten köcheln. Dann vom Herd ziehen und Sauerrahm unterrühren. Noch heiß auf ein Blatt Backpapier gießen und ca. 1 cm dick ausstreichen. Die Pfifferlinge putzen und gegebenenfalls in Stücke schneiden. Den Knoblauch abziehen und fein hacken. Den Lauch waschen und in 3 mm dicke Ringe schneiden. Das Öl in einer Pfanne erhitzen und den Knoblauch und die Pfifferlinge darin scharf anbraten. Dann den Lauch zugeben und kurz weiterbraten. Die Grießplatte in grobe Stücke schneiden und in der Pfanne goldbraun rösten. Anschließend alles wenden, kurz weiterrösten und dann die Grießstücke mit zwei Gabeln in kleinere Stücke zerteilen. Mit Salz und Pfeffer abschmecken.

BUCHWEIZENSALAT

Den Buchweizen laut Packungsanleitung kochen. Abseihen, kalt abspülen und gut abtropfen lassen.
Die Kräuter waschen, trockenschütteln, die Blätter abzupfen und hacken. Den Knoblauch und die Zwiebel abziehen. Den Knoblauch fein hacken, die Zwiebel in Streifen schneiden. Den Buchweizen mit den Kräutern, dem Knoblauch und den Zwiebeln vermischen. Das Öl mit dem Zitronensaft verrühren und den Salat damit marinieren. Mit Salz und Pfeffer abschmecken.

ANRICHTEN

Den Rucola waschen und trockenschleudern. Die Paprikaschote putzen, entkernen und in Streifen schneiden. Die Tomaten halbieren oder vierteln. Den Bergkäse fein hobeln.
Den Rucola an den Rand der Schalen stellen. Im Kreis erst den Grießschmarrn, dann den Buchweizensalat und daneben die Tomaten und Paprika anrichten. Die Käsespäne darübergeben und mit einer Blüte und Petersilie garnieren.

GEMÜSESALAT

mit gebratenem Tofu

ZUBEREITUNGSZEIT: ETWA 45 MINUTEN PLUS 6 STUNDEN RUHEZEIT

FÜR 4 BOWLS

Für den gebratenen Tofu
200 g Tofu
3 Scheiben Ingwer
3–4 Knoblauchzehen
2 EL Sojasauce
1 EL Essig
1 EL flüssiger Honig
Chilipulver
2 EL neutrales Pflanzenöl

Für den Gemüsesalat
200 g getrocknete Sojabohnen
2 mittelgroße Knollen Kohlrabi
150 g Zuckerschoten
200 g blaue oder rote Trauben
2–3 grüne Snackpaprika oder milde Chilischoten
1 Handvoll frische Kräuter (z. B. Koriander, Minze, süßes Basilikum)

Für das Dressing
4 EL Teriyaki-Sauce (siehe Seite 82)
4 EL Weißweinessig
2 EL kalt gepresstes Sesamöl
Salz
frisch gemahlener schwarzer Pfeffer

Zum Anrichten
1 EL geröstete weiße Sesamsaat

ZUBEREITUNG

TOFU

Den Tofu in mundgerechte Würfel schneiden. Die Schale vom Ingwer abschaben. Den Knoblauch abziehen. Beides fein hacken. Aus dem Knoblauch, dem Ingwer, der Sojasauce, dem Essig, dem Honig und dem Chilipulver eine Marinade rühren und die Tofustücke darin 30 Minuten marinieren. Kurz vor dem Servieren das Öl erhitzen und die etwas abgetropften Tofustücke braten.

GEMÜSESALAT

Die Sojabohnen mindestens 6 Stunden in Wasser einlegen. Dann durch ein Sieb gießen und nach Packungsanleitung kochen. Anschließend abseihen, kalt abspülen und gut abtropfen lassen. Die dünnen Schalen der Sojabohnen entfernen. Die Kohlrabi schälen und in feine Streifen schneiden. Diese einige Minuten in Eiswasser legen und dann auf Küchenpapier abtropfen lassen. Die Zuckerschoten putzen, kurz mit kochendem Wasser überbrühen, kalt abspülen und gut abtropfen lassen. Die Trauben halbieren, die Snackpaprika nach Wunsch entkernen und in dünne Scheiben schneiden. Die Kräuter waschen, trockenschütteln und die Blätter abzupfen.

DRESSING

Die Teriyaki-Sauce, den Weißweinessig und das Sesamöl in einen hohen Mixbecher füllen und mit einem Stabmixer aufmixen. Mit Salz und Pfeffer abschmecken. Vor dem Servieren in vier kleine Schalen abfüllen.

ANRICHTEN

Alle Zutaten für den Gemüsesalat im Kreis am Rand der vier Schalen anrichten. Die Tofuwürfel verteilen und die Schalen mit dem Dressing in die Mitte stellen. Mit der Sesamsaat garnieren.

TIPP

Bei der Verwendung von Sojabohnen aus Konserven werden ca. 500 g benötigt.

LINSENCURRY

mit Blumenkohl und Pak Choi

ZUBEREITUNGSZEIT: ETWA 30 MINUTEN

FÜR 4 BOWLS

Für das Linsencurry
1 mittelgroße Zwiebel
5–6 Knoblauchzehen
5–6 Scheiben Ingwer
3–4 Tomaten
300 g gelbe Linsen
2 EL neutrales Pflanzenöl
2 EL Madras Currypulver (mild oder scharf)
2 TL gemahlene Kurkuma
1 Msp. gemahlene Gewürznelke
ca. 1 l Gemüsebrühe
Salz

Für das Gemüse
1 großer Blumenkohl
2 kleine Pak Choi
3 EL neutrales Pflanzenöl
Salz

Für die frittierten Nudeln
neutrales Pflanzenöl zum Frittieren
100 g feine frische Eiernudeln

Für den Dip
3–4 Stengel Minze
4 EL Skyr
Salz
frisch gemahlener schwarzer Pfeffer

ZUBEREITUNG

LINSENCURRY

Die Zwiebel und den Knoblauch abziehen, die Ingwerschale abschaben. Alles fein schneiden oder hacken. Die Tomaten am Blütenansatz kreuzweise einritzen, kurz blanchieren und kalt abschrecken. Dann die Haut abziehen. Die Tomaten dann vierteln, entkernen und das Fruchtfleisch in kleine Würfel schneiden. Die Linsen in einem Sieb mit Wasser abspülen und abtropfen lassen. Das Öl in einem größeren Topf erhitzen und die Zwiebeln, den Knoblauch und den Ingwer glasig anbraten. Das Currypulver, die Kurkuma und die Gewürznelke zugeben und kurz weiterbraten, bis sich die Aromen entfalten. Dann die Linsen und die Tomaten untermischen und mit 1 l Gemüsebrühe aufgießen. Das Curry ca. 15 Minuten köcheln und dann mit Salz abschmecken. Gegebenenfalls kann noch Gemüsebrühe nachgegossen werden.

GEMÜSE

Den Blumenkohl putzen und in Röschen zerteilen. Den Pak Choi putzen und längs vierteln. Beide Gemüse mit dem Öl einpinseln und salzen. Die Blumenkohlröschen auf einem mit Backpapier bedeckten Backblech auslegen und im auf 200 °C vorgeheizten Backofen (Ober-/Unterhitze) 10 Minuten backen. Den Pak Choi in einer Grillpfanne kurz scharf braten. (Oder beide Gemüsesorten grillen.)

FRITTIERTE NUDELN

Das Öl erhitzen. Die frischen Nudeln darin hellbraun knusprig frittieren. Die Nudeln dann auf Küchenpapier abtropfen lassen.

DIP

Die Minze waschen, trockentupfen, die Blätter abzupfen und in feine Streifen schneiden. Dann mit dem Skyr verrühren und den Dip mit Salz und Pfeffer abschmecken.

ANRICHTEN

Das Linsencurry auf die Schalen verteilen. Jeweils einige Blumenkohlröschen und zwei Stück Pak Choi darauf anrichten. Mittig 1 EL Skyr und einige knusprige Nudeln plazieren.

PILZE UND SOJABOHNEN

mit Miso-Dressing und Gemüse

ZUBEREITUNGSZEIT: ETWA 20 MINUTEN

FÜR 4 BOWLS

Für das Miso-Dressing
2 Knoblauchzehen
2 EL kalt gepresstes Sesamöl
3 EL weißer Essig
3 EL Ahornsirup
1 EL Miso-Paste
2 EL Sojasauce
1 TL fein geriebener Ingwer
roter Pfeffer oder Chilischote

Für das Gemüse
150 g Rotkohl
200 g Rettich
1 rote Paprikaschote
1 Minigurke
2 kleine Pak Choi
4 kleine grüne Snackpaprika
Salz
frisch gemahlener schwarzer Pfeffer

Für die Pilze und Sojabohnen
4 Portobello-Pilze
2 Knoblauchzehen
2 EL neutrales Pflanzenöl
Salz
800 g vorgekochte Sojabohnen

Zum Anrichten
1 EL geröstete weiße Sesamsaat

ZUBEREITUNG

MISO-DRESSING

Den Knoblauch abziehen und fein hacken. Diesen zusammen mit den restlichen Zutaten in einem hohen Mixbecher mit dem Stabmixer aufmixen.

GEMÜSE

Den Rotkohl putzen, den Strunk entfernen und den Rest in feine Streifen schneiden. Den Rettich schälen und in feine Streifen schneiden. Diese dann in Eiswasser einlegen und vor dem Servieren gut abtropfen lassen. Die Paprikaschote halbieren, entkernen und in Streifen schneiden. Die Gurke in feine Scheiben schneiden. Den Pak Choi längs vierteln, die Snackpaprika putzen. Das Sesamöl in einer Pfanne erhitzen und den Pak Choi und die Snackpaprika anbraten. Mit Salz und Pfeffer würzen.

PILZE

Die Pilze putzen und die Kappen in 1 cm dicke Scheiben schneiden. Den Knoblauch abziehen und in Scheiben schneiden. Das Öl in einer Pfanne zusammen mit dem Knoblauch erhitzen. Dann die Pilze scharf auf beiden Seiten anbraten und mit Salz würzen. Die Pilze aus der Pfanne nehmen und beiseitestellen. In der Pfanne danach die Sojabohnen kurz schwenken und mit etwas Dressing (siehe Teilrezept) ablöschen.

ANRICHTEN

Die Sojabohnen auf die Schalen verteilen. Außen herum dekorativ die verschiedenen Gemüsesorten anrichten und in der Mitte die Pilzscheiben plazieren. Die Sesamsaat und das restliche Miso-Dressing über den Pilzen verteilen.

RÜHREI

mit Pfifferlingen und Sojabohnen

ZUBEREITUNGSZEIT: ETWA 20 MINUTEN

FÜR 4 BOWLS

Für das Rührei mit Pfifferlingen und Sojabohnen
1 mittelgroße Zwiebel
4–5 Knoblauchzehen
½ rote Paprikaschote
800 g Pfifferlinge
1 kleines Bund glatte Petersilie
einige Zweige Thymian
1 kleines Bund Schnittlauch
8 Eier
2–3 EL neutrales Pflanzenöl
400 g gekochte Sojabohnen
Salz
frisch gemahlener schwarzer Pfeffer

Zum Anrichten
1 Handvoll Rucola
einige Blätter Radicchio
etwas Kresse
4 EL Röstzwiebeln
4 feine knusprige Käsegitter (siehe Seite 173)

ZUBEREITUNG

RÜHREI MIT PFIFFERLINGEN UND SOJABOHNEN

Die Zwiebel und den Knoblauch abziehen. Die Zwiebel in feine Würfel schneiden, den Knoblauch fein hacken. Die Paprikaschote putzen, entkernen und in kurze, dünne Streifen schneiden. Die Pfifferlinge sorgfältig putzen und gegebenenfalls etwas klein schneiden. Die Kräuter waschen, trockenschütteln und die Petersilien- und Thymianblätter abzupfen. Die Blätter fein hacken, den Schnittlauch in feine Röllchen schneiden. Die Eier in eine Schale aufschlagen und mit den Kräutern gut verquirlen. Das Öl in einer Pfanne erhitzen und die Zwiebeln, den Knoblauch und die Pfifferlinge scharf anbraten. Dann die Sojabohnen zugeben und erhitzen. Anschließend die Eier dazu gießen und unter gelegentlichem Umrühren stocken lassen. Dann die Paprikastreifen zugeben und mit Salz und Pfeffer würzen.

ANRICHTEN

Den Rucola und die Radicchio-Blätter an den Rand der Schalen legen. Das Rührei mit Pfifferlingen und Sojabohnen auf die Schalen verteilen und Kresse darüberstreuen. Mit je 1 EL Röstzwiebeln toppen und mit je einem Käsegitter garnieren.

GEBRATENE PILZE

mit Räucherpaprika-Dressing, Dinkelreis und Mangold-Pesto

ZUBEREITUNGSZEIT: ETWA 45 MINUTEN

FÜR 4 BOWLS

Für den gerösteten Dinkelreis
200 g Dinkelreis
1 mittelgroße rote Zwiebel
3–4 Knoblauchzehen
2 EL neutrales Pflanzenöl
Salz
frisch gemahlener schwarzer Pfeffer

Für das Mangold-Pesto
2–3 Knoblauchzehen
100 g Mangold
1 TL fein geriebener Ingwer
30 g geröstete Sonnenblumenkerne
30 g Haselnusskerne
100 ml natives Olivenöl extra
Salz
frisch gemahlener Zitronenpfeffer

Für die gebratenen Pilze mit Räucherpaprika-Dressing
¼ kleine rote Zwiebel
2 Zweige Rosmarin
2–3 Zweige Thymian
2 EL Sojasauce
2 EL flüssiger Honig
1 EL Zitronensaft
1 TL geräuchertes Paprikapulver
½ TL Knoblauchpulver
½ TL gemahlener Kreuzkümmel
Salz
200 g Pilze nach Wahl
2–3 EL neutrales Pflanzenöl

Zum Anrichten
1 rote Paprikaschote
1 gedämpfter Kolben Zuckermais
einige kleine Blätter Pak Choi
Sonnenblumenkerne
einige Zweige Rosmarin
einige Zweige Thymian
Erbsensprossen

ZUBEREITUNG

GERÖSTETER DINKELREIS

Den Dinkelreis nach Packungsanleitung kochen und kurz auskühlen lassen. Die Zwiebel und den Knoblauch abziehen. Die Zwiebel in feine Würfel schneiden, den Knoblauch fein hacken. Das Öl in einer Pfanne erhitzen und die Zwiebel und den Knoblauch glasig anbraten. Dann den Dinkelreis zugeben und einige Minuten weiterbraten, bis er hell gebräunt ist. Mit Salz und Pfeffer würzen.

MANGOLD-PESTO

Den Knoblauch abziehen und grob hacken. Die Mangoldblätter waschen und kurz mit heißem Wasser überbrühen. Dann kalt abspülen und trockenschütteln. Die Blätter grob hacken und zusammen mit dem Knoblauch, dem Ingwer, den Sonnenblumenkernen, den Haselnusskernen und dem Öl in einen Standmixer füllen. Alles zu einem feinen Pesto mixen und mit Salz und Zitronenpfeffer abschmecken.

GEBRATENE PILZE MIT RÄUCHERPAPRIKA-DRESSING

Die Zwiebel abziehen und in feine Würfel schneiden. Die Kräuter waschen, trockenschütteln, die Nadeln bzw. Blätter abzupfen und grob hacken. Die Zwiebeln und die Kräuter in einer Schale mit den restlichen Zutaten verrühren und mit Salz abschmecken.
Die Pilze putzen und in mundgerechte Stücke schneiden. Das Öl in einer Pfanne erhitzen und die Pilze scharf anbraten. Dann mit dem Räucherpaprika-Dressing ablöschen und alles kurz aufschäumen lassen.

ANRICHTEN

Die Paprikaschote putzen, halbieren, entkernen und in Streifen schneiden. Den Zuckermais vom Kolben abschaben. Den gerösteten Dinkelreis auf die Schalen verteilen. Darauf die gebratenen Pilze mit Räucherpaprika-Dressing, den Mais und die Paprikastreifen anrichten. An den Rand einige Pak-Choi-Blätter stecken. Das Mangold-Pesto mittig plazieren. Mit den Sonnenblumenkernen, Rosmarin, Thymian und Erbsensprossen garnieren.

GEHACKTES ROHGEMÜSE

mit pinker Hirse

ZUBEREITUNGSZEIT: ETWA 40 MINUTEN

FÜR 4 BOWLS

Für die pinke Hirse
100 g Hirse
Salz
1 kleines Stück Rote Bete
2 EL Skyr
gemahlene Fenchelsamen

Für das gehackte Rohgemüse
200 g Brokkoli
200 g Blumenkohl
100 g Staudensellerie
200 g Karotten
3–4 Scheiben Ingwer
4 EL Himbeeressig
4 EL Walnussöl
2 EL flüssiger Honig oder Ahornsirup
Salz
frisch gemahlener schwarzer Pfeffer
5–6 Stengel glatte Petersilie

Zum Anrichten
1–2 Köpfe Radicchio
100 g getrocknete Cranberrys
100 g getrocknete Aprikosen
einige kleine Blätter Kapuzinerkresse
Blüten der Kapuzinerkresse

ZUBEREITUNG

PINKE HIRSE

Die Hirse laut Packungsanleitung kochen. Dabei das Wasser salzen und die Rote Bete zugeben. Diese nach dem Garen entfernen und die gekochte Hirse zum Abkühlen beiseitestellen. Anschließend den Skyr und das Fenchelpulver unterrühren. Mit Salz abschmecken. Zum Servieren mit zwei Esslöffeln Nocken abstechen und dekorativ formen.

GEHACKTES ROHGEMÜSE

Das Gemüse putzen und gegebenenfalls schälen. Den Brokkoli in kleine Röschen zerteilen und beiseitestellen. Das restliche Gemüse grob zerteilen, mit der Raspelscheibe der Küchenmaschine grob häckseln und den Brokkoli untermischen. Die Schale des Ingwers abschaben und den Ingwer fein reiben oder schneiden. Den Ingwer mit dem Essig, dem Öl und dem Honig verrühren und das Dressing mit Salz und Pfeffer abschmecken. Die Petersilie waschen, trockenschütteln, die Blätter abzupfen und hacken. Vor dem Servieren das Gemüse mit der Petersilie vermischen und mit dem Dressing marinieren.

ANRICHTEN

Den Radicchio putzen und in feine Streifen schneiden. Die Aprikosen jeweils in zwei bis drei Stücke schneiden.
Den Radicchio auf die Schalen verteilen. Das gehackte Gemüse darauf anrichten. Die Cranberrys und die Aprikosen darüber verteilen. Je zwei Hirsenocken pro Schale mittig plazieren. Mit den Blättern und Blüten der Kapuzinerkresse garnieren.

WEIZENSCHROT-JOGHURT

mit Rote Bete und Fenchel

ZUBEREITUNGSZEIT: ETWA 60 MINUTEN

FÜR 4 BOWLS

Für das Gemüse
4 mittelgroße Knollen Rote Bete
1 Knolle Fenchel
1 Apfel
100 g getrocknete Aprikosen
2 EL Apfelessig
4 EL kalt gepresstes Sesamöl
1 TL süßer Senf
etwas gemahlene Gewürznelke
etwas gemahlener Piment
2 TL flüssiger Honig
Salz
frisch gemahlener schwarzer Pfeffer

Für den Weizenschrot-Joghurt
200 g Weizenschrot
Salz
400 ml Naturjoghurt (ca. 3,5 % Fettgehalt)
einige Fäden Safran
Chiliflocken

Zum Anrichten
einige Walnusskerne
4 kleine Stück Fenchelgrün
einige Blätter Minze

ZUBEREITUNG

GEMÜSE

Die Rote Bete waschen, nebeneinander in eine ofenfeste Form legen und im auf 180 °C vorgeheizten Backofen (Ober-/Unterhitze) ca. 45 Minuten backen. Die Bete dann schälen, halbieren und in 5 mm dicke Scheiben schneiden oder hobeln.
Den Fenchel halbieren, den Strunk herausschneiden und den Rest in feine Streifen schneiden. Die Fenchelstreifen 10 Sekunden mit kochendem Wasser überbrühen. Dann in ein Sieb geben, kalt abspülen und gut abtropfen lassen. Den Apfel vierteln, das Kerngehäuse entfernen und das Fruchtfleisch in Scheiben schneiden. Nach Wunsch können die Apfelscheiben auch dekorativ zugeschnitten werden. Die Aprikosen dritteln. Den Fenchel, die Apfelscheiben und die Aprikosen in einer Schale vermischen.
Für das Salatdressing den Essig, das Öl, den Senf, die Gewürze und den Honig verrühren und dann mit Salz und Pfeffer abschmecken. Mit einer Hälfte des Dressings die Rote-Bete-Scheiben marinieren. Mit dem restlichen Dressing die Fenchelmischung marinieren.

WEIZENSCHROT-JOGHURT

Den Weizenschrot nach Packungsanleitung in Salzwasser kochen. Dann in ein Sieb geben, kalt abspülen und abtropfen lassen. Den Joghurt mit den Safranfäden und dem Weizenschrot verrühren. Mit Salz und Chiliflocken abschmecken.

ANRICHTEN

Den Weizenschrot-Joghurt auf die Schalen verteilen. Die Rote Bete und den Fenchelsalat darauf anrichten. Die Walnusskerne darüberstreuen und mit einigen Minzblättern und Fenchelgrün garnieren.

ROTWEINBIRNE

auf Hafer mit Haferflockencrunch

ZUBEREITUNGSZEIT: ETWA 45 MINUTEN PLUS 12 STUNDEN RUHEZEIT

FÜR 4 BOWLS

Für den Hafer
280 g Hafer
Salz
2 EL Sauerrahm
2 EL flüssiger Honig

Für die Rotweinbirnen
2 Birnen
250 ml trockener Rotwein
4–5 Gewürznelken
1 Zimtrinde
3 Scheiben Ingwer
2 EL flüssiger Honig
¼ TL Fenchelsamen

Zum Anrichten
4 EL Haferflockencrunch (siehe Seite 172)
4 Stück Kürbiskernkrokant (siehe Seite 172)
saisonale Beeren
4 Blätter Minze

ZUBEREITUNG

HAFER

Den Hafer über Nacht in Wasser einweichen und dann nach Packungsanleitung mit etwas Salz garen. Anschließend in den weichen, noch heißen Hafer den Sauerrahm und den Honig einrühren und zugedeckt einige Minuten stehen lassen, bis der Hafer alles aufgesaugt hat.

ROTWEINBIRNEN

Die Birnen schälen, längs halbieren und das Kerngehäuse entfernen. Aus den restlichen Zutaten einen Sud kochen und die komplett mit dem Sud bedeckten Birnen darin 15–20 Minuten pochieren. Die Birnen im Sud auskühlen lassen.

ANRICHTEN

Den Hafer auf die Schalen verteilen und je eine halbe Birne darauf anrichten. Den Haferflockencrunch über die Birne bröseln. Mit je einem Stück Kürbiskernkrokant, einigen frischen Beeren und Minze garnieren.

POCHIERTES EI

mit Tomatensalsa und Gemüse

ZUBEREITUNGSZEIT: ETWA 30 MINUTEN

FÜR 4 BOWLS

Für die Tomatensalsa
500 g Rispentomaten
½ Zwiebel
2 Knoblauchzehen
2 Frühlingszwiebeln
½–1 grüne Chilischote
3–4 Stengel frischer Koriander
Salz

Für das Gemüse
8 grüne Snackpaprika
1 gedämpfter Kolben Zuckermais

Für die pochierten Eier
4 Eier
1 EL Essig

Zum Anrichten
1 Salatgurke
2 Radieschen
frische Sprossen
Maistortillas (siehe Seite 174)

TIPP

Für pochierte Eier immer sehr frische Eier verwenden. Am besten gelingen sie, wenn die Eier in eine Tasse aufgeschlagen werden und von dort ins Wasser gleiten können. Am einfachsten pochierte Eier einzeln, nacheinander, kochen.

ZUBEREITUNG

TOMATENSALSA

Die Tomaten putzen, den Stielansatz entfernen und das Fruchtfleisch in kleine Würfel schneiden. Die Zwiebel abziehen und in kurze feine Streifen schneiden. Den Knoblauch abziehen und fein hacken. Die Frühlingszwiebel putzen und in feine Röllchen schneiden. Die Chilischote putzen, nach Wunsch die Kerne entfernen und fein schneiden. Den Koriander waschen, trockenschütteln, die Blätter abzupfen und hacken. Alle Zutaten für die Salsa in einer Schüssel vermischen und mit Salz abschmecken.

GEMÜSE

Die Snackpaprika putzen. Dann zusammen mit den Maiskolben grillen. Anschließend die Maiskörner mit einem Messer abschaben.

POCHIERTE EIER

Reichlich Wasser mit dem Essig zum Kochen bringen. Dann die Temperatur etwas reduzieren, das Wasser sollte knapp unter dem Siedepunkt sein. Das Wasser durch kreisende Bewegungen mit einem Kochlöffel in Bewegung bringen. Dann die Eier aufschlagen und nacheinander in das Wasser gleiten lassen. Nach 5 Minuten mit einem Schaumlöffel vorsichtig aus dem Wasser heben und abtropfen lassen.

ANRICHTEN

Die Gurke in dünne Scheiben schneiden. Die Radieschen in feine Streifen schneiden und mit den Sprossen vermengen. Die Schalen am Rand mit den Gurkenscheiben auslegen. Die Salsa einfüllen und mittig je ein pochiertes Ei plazieren. Den Mais und die Snackpaprika daneben anrichten. Mit einigen Maistortilla-Chips und dem Radieschen-Sprossen-Mix garnieren.

ROLLGERSTENSALAT

mit Steinpilzen

ZUBEREITUNGSZEIT: ETWA 40 MINUTEN

FÜR 4 BOWLS

Für den Rollgerstensalat
200 g Rollgerste
Salz
1 Lorbeerblatt
½ rote Zwiebel
10 cm einer Salatgurke
400 g Käferbohnen (Konserve)
2 Zweige Thymian
2 TL scharfer Senf
8 EL Kürbiskernöl
3 EL Apfel- oder Weißweinessig
Salz
frisch gemahlener schwarzer Pfeffer

Für die Steinpilze
400 g Steinpilze
2 EL Weizenmehl Type 405
2 Eier
80 g Semmelbrösel
neutrales Pflanzenöl zum Frittieren
Salz

Zum Anrichten
12–16 kleine Blätter Romanasalat
2 EL geröstete Kürbiskerne
2 EL gerösteter Knoblauch (siehe Seite 171)
etwas Sauerklee
4 essbare Blüten

ZUBEREITUNG

ROLLGERSTENSALAT

Die Rollgerste waschen und nach Packungsanleitung in Salzwasser mit dem Lorbeerblatt kochen. Dann durch ein Sieb gießen, auskühlen lassen und in eine Schüssel umfüllen. Die Zwiebel abziehen und in feine Streifen schneiden. Die Salatgurke längs halbieren und in feine Scheiben schneiden. Die Käferbohnen durch ein Sieb gießen, abspülen und abtropfen lassen. Alles zur Rollgerste geben. Den Thymian waschen, trockenschütteln und die Blätter abzupfen. Die Thymianblätter in einer Schale mit dem Senf, dem Öl und dem Essig verrühren. Das Dressing mit Salz und Pfeffer abschmecken. Den Rollgerstensalat damit marinieren.

STEINPILZE

Die Pilze sorgfältig putzen und in 1 cm dicke Scheiben schneiden. Bei großen Exemplaren den grünen Schwamm auf der Unterseite der Kappe entfernen. Aus dem Mehl, dem verquirlten Ei und den Semmelbröseln eine Panierstraße aufbauen. Das Öl erhitzen. Die Pilzscheiben panieren und sofort im heißen Öl knusprig goldbraun frittieren. Auf Küchenpapier abtropfen lassen und salzen.

ANRICHTEN

Die Salatblätter an den Rand der Schalen lehnen. Den Rollgerstensalat verteilen. Die Pilzscheiben daneben anrichten. Die Kürbiskerne, den Knoblauch und den Sauerklee darüberstreuen. Mit je einer Blüte garnieren.

SEIDENTOFU-TEMPURA

mit mexikanischem Salat und Quinoa

ZUBEREITUNGSZEIT: ETWA 30 MINUTEN

FÜR 4 BOWLS

Für die Quinoa
100 g bunte Quinoa
Salz

Für den mexikanischen Salat
2 Rispentomaten
1 kleine Salat- oder Gärtnergurke
1 mittelgroße rote Zwiebel
4 Knoblauchzehen
200 g Zuckermais (Konserve)
200 g Kidneybohnen (Konserve)
5–6 Stengel Dill
2–3 Stengel Koriander
3 EL Rotweinessig
1 EL Zitronensaft
5 EL neutrales Pflanzenöl
½ TL gemahlener Kreuzkümmel
Salz
frisch gemahlener schwarzer Pfeffer

Für den Quark-Dip
250 g Magerquark
150 g Sauerrahm
Salz
frisch gemahlener schwarzer Pfeffer

Für den gebackenen Seidentofu
280 g Seidentofu
1 EL Maisstärkemehl
100 ml Tempurateig (siehe Seite 175)
neutrales Pflanzenöl zum Frittieren

Zum Anrichten
4 kleine Stengel Dill

ZUBEREITUNG

QUINOA

Die Quinoa gut waschen und nach Packungsanleitung in Salzwasser kochen. Dann durch ein Sieb gießen, kalt abspülen und abtropfen lassen.

MEXIKANISCHER SALAT

Die Tomaten und die Gurke putzen und den Stielansatz entfernen. Beide in ca. 1,5 cm große Würfel schneiden. Die Zwiebel und den Knoblauch abziehen. Die Zwiebel in grobe Würfel schneiden, den Knoblauch fein hacken. Die Kräuter waschen, trockenschütteln, die Blätter abzupfen und grob hacken. Den Mais abgießen. Die Bohnen in ein Sieb gießen, gut abspülen und abtropfen lassen. Alle vorbereiteten Zutaten in eine große Schüssel füllen. Den Essig, den Zitronensaft, das Öl und den Kreuzkümmel zu einem Dressing verrühren und mit Salz sowie Pfeffer abschmecken. Den Salat damit marinieren und alles gut vermischen.

QUARK-DIP

Den Quark in einer Schale mit dem Sauerrahm glattrühren und mit Salz sowie Pfeffer würzen.

GEBACKENER SEIDENTOFU

Den Seidentofu in vier Würfel à 70 g schneiden. Das Öl erhitzen. Das Stärkemehl auf einem Teller ausbreiten. Den Seidentofu darin wenden und dann in den Tempurateig tauchen. Die Würfel sofort im heißen Öl knusprig backen. Auf Küchenpapier abtropfen lassen.

ANRICHTEN

Den Quark-Dip auf die Schüssel verteilen und den mexikanischen Salat darauf anrichten. Den knusprigen Tofuwürfel darauflegen. Die Quinoa verteilen und mit Dill garnieren.

TEMPURA-GEMÜSE

mit Meerrettich-Dip

ZUBEREITUNGSZEIT: ETWA 20 MINUTEN

FÜR 4 BOWLS

Für Tempura-Gemüse
1 kg Gemüse (z. B. Brokkoli, Aubergine, Zucchini, Mangold, Karotten, Zuckerschoten, Paprikaschote)
Salz
5 EL Kürbiskerne
500 ml Tempurateig (siehe Seite 175)
5 EL Maisstärkemehl
neutrales Pflanzenöl zum Frittieren

Für das Rohkostgemüse
500 g Weißkohl
1 Knolle Ringelbete

Für den Meerrettich-Dip
100 ml Mayonnaise
100 ml Sauerrahm
50 ml Kürbiskernöl
30 g fein geriebener Meerrettich plus etwas mehr als Garnitur
Salz
frisch gemahlener schwarzer Pfeffer

Zum Anrichten
frische Sprossen

ZUBEREITUNG

TEMPURA-GEMÜSE

Das Gemüse putzen und gegebenenfalls schälen. Alles in 1 cm dicke Scheiben oder mundgerechte Stücke schneiden und salzen. Die Kürbiskerne grob hacken und in den Tempurateig rühren. Das Öl erhitzen. Das Stärkemehl auf einer flachen Platte ausbreiten und die Gemüsestücke darin wenden.
Anschließend durch den Tempurateig ziehen und sofort im heißen Öl goldbraun frittieren. Auf Küchenpapier abtropfen lassen.

ROHKOSTGEMÜSE

Den Weißkohl putzen und den Strunk entfernen. Den Rest anschließend fein hobeln und 5 Minuten in Eiswasser legen. Die Ringelbete schälen und in feine Streifen schneiden und in eine separate Schale mit Eiswasser legen. Vor dem Servieren den Weißkohl und die Ringelbete gut abtropfen lassen und getrennt auf Küchenpapier legen.

MEERRETTICH-DIP

Die Mayonnaise, den Sauerrahm, das Öl und den Meerrettich verrühren und mit Salz und Pfeffer abschmecken. Vor dem Servieren in kleine Schalen abfüllen und mit etwas geriebenem Meerrettich garnieren.

ANRICHTEN

Den Weißkohl auf die Schalen verteilen und das Tempura-Gemüse und die Ringelbete darauf anrichten. Je ein Schälchen Meerrettich-Dip dazu geben. Mit den Sprossen dekorieren.

WURZELGEMÜSE AUS DEM OFEN

mit marinierten Perlgraupen

ZUBEREITUNGSZEIT: ETWA 40 MINUTEN

FÜR 4 BOWLS

Für die marinierten Perlgraupen
280 g Perlgraupen
1 Zwiebel
5–6 Gewürznelken
1–2 Lorbeerblatt
Salz
2 Zweige Thymian
4 EL weißer Essig
4 TL süßer Senf
4 TL scharfer Senf
50 ml natives Olivenöl extra
frisch gemahlener schwarzer Pfeffer

Für das Wurzelgemüse
1 kg Wurzelgemüse (Knollensellerie, Pastinake, Karotten, Rote Bete, Petersilienwurzel)
Salz
frisch gemahlener schwarzer Pfeffer
4 EL neutrales Pflanzenöl

Für die gerösteten Brösel
1 EL Butter oder Öl
4 EL Semmelbrösel
Salz

Zum Anrichten
einige Blätter Salat
1 Birne
etwas frisch geriebener Meerrettich
einige Zweige Thymian
essbare Blüten

ZUBEREITUNG

MARINIERTE PERLGRAUPEN

Die Perlgraupen nach Packungsanleitung kochen. Dabei das Wasser salzen und das Lorbeerblatt und die mit den Gewürznelken gespickte Zwiebel zugeben. Die gegarten Perlgraupen durch ein Sieb gießen und die Gewürze entfernen. Die Perlgraupen etwas abkühlen lassen und in eine Schüssel umfüllen.
Für das Dressing den Thymian waschen, trockenschütteln und die Blätter abzupfen. Diese mit dem Essig, den beiden Senfsorten und dem Öl verrühren und mit Salz sowie Pfeffer abschmecken. Die Perlgraupen mit dem Dressing marinieren.

WURZELGEMÜSE

Das Wurzelgemüse schälen, in mundgerechte Stücke schneiden und nebeneinander auf ein mit Backpapier ausgelegtes Backblech legen. Mit Salz und Pfeffer würzen, das Öl darüber verteilen und gut durchmischen. Das Gemüse im auf 250 °C vorgeheizten Backofen (Ober-/Unterhitze) 10–15 Minuten backen. Dabei sollten die Gemüse leicht gebräunt, aber innen noch knackig sein.

GERÖSTETE BRÖSEL

Die Butter in einer Pfanne erhitzen und die Semmelbrösel goldbraun rösten. Mit Salz würzen.

ANRICHTEN

Den Salat putzen, waschen und trockentupfen. Die Birne vierteln, das Kerngehäuse herausschneiden und jedes Viertel in fünf Spalten schneiden.
Mit den Salatblättern die Schalen auskleiden. Dann die marinierten Perlgraupen auf die Schalen verteilen und das Gemüse darauf anrichten. Die Brösel darüberstreuen und je fünf Birnenspalten dazwischen stecken. Mit Meerrettich, Thymian und Blüten garnieren.

Winter

GEBRATENER BRAUNER REIS

mit Karotten

ZUBEREITUNGSZEIT: **ETWA 90 MINUTEN**

FÜR 4 BOWLS

Für den gebratenen braunen Reis
300 g brauner Reis
½ kleine Zwiebel
2–3 Knoblauchzehen
300 g fermentierter Chinakohl (siehe Seite 173)
2 EL Sesamöl
4 EL Sojasauce
2 TL Zucker

Für die gebratenen Karotten
350 g Karotten
½ kleine Zwiebel
2 Knoblauchzehen
30 g Leinsamen
30 g Haferflocken
1 Ei
Salz
frisch gemahlener schwarzer Pfeffer
neutrales Pflanzenöl zum Frittieren

Zum Anrichten
1 rotschalige Birne (z. B. Alessia)
2 wachsweich gekochte Eier
4 EL geröstete Erdnusskerne
einige Chilischeibchen
Schnittlauchröllchen

ZUBEREITUNG

GEBRATENER BRAUNER REIS

Den Reis 30 Minuten in lauwarmem Wasser einweichen. Dann durch ein Sieb gießen und mit der 1,5-fachen Menge Wasser in einen Topf geben und ca. 30 Minuten dämpfen. Anschließend den Reis abkühlen lassen. Die Zwiebel und den Knoblauch abziehen und in feine Würfel schneiden. Den Chinakohl in mundgerechte Stücke schneiden. Das Öl in einer Pfanne erhitzen und die Zwiebel sowie den Knoblauch anbraten, bis sie etwas Farbe annehmen. Den Reis zugeben und weiterbraten. Dann den Chinakohl und die Sojasauce zugeben und einige Minuten weiterbraten, bis alle Zutaten gut erhitzt sind.

GEBRATENE KAROTTEN

Die Karotten putzen, schälen und in feine Streifen schneiden oder hobeln. Die Zwiebel und den Knoblauch abziehen. Die Zwiebel in feine Würfel schneiden, den Knoblauch fein hacken und beide unter die Karotten mischen. Die Haferflocken und den Leinsamen in einer Gewürzmühle zu Mehl mahlen. Das Ei in einer Schüssel aufschlagen und verquirlen. Das Mehl und das Ei zu den Karotten geben und alles gut vermischen. Mit Salz und Pfeffer würzen. Reichlich Öl in einer Pfanne erhitzen und mit zwei Suppenlöffeln kleine Portionen in die Pfanne geben. Diese etwas flach drücken und auf allen Seiten knusprig braun braten.

ANRICHTEN

Die Birne vierteln, das Kerngehäuse entfernen und die Viertel in Scheiben schneiden. Die Eier quer halbieren.
Den gebratenen Reis auf die Schalen verteilen und die gebratenen Karotten darauf anrichten. Je ein halbes Ei dazulegen und einige Birnenscheiben daneben plazieren. Mit den Erdnusskernen, den Chilischeiben und den Schnittlauchröllchen garnieren.

GEBRATENE KÜRBISSPALTEN

mit Topinambur-Püree

ZUBEREITUNGSZEIT: **ETWA 30 MINUTEN**

FÜR 4 BOWLS

Für das Topinambur-Püree
1 kg Topinambur
400 ml Gemüsebrühe
Salz
frisch gemahlener schwarzer Pfeffer
2 EL Sauerrahm

Für die gebratenen Kürbisspalten
ca. 1 kg Hokkaidokürbis
4 EL flüssiger Honig
1 Prise gemahlene Gewürznelke
¼ TL gemahlene Pimentkörner
¼ TL gemahlener Fenchelsamen
1 TL fein geriebener Ingwer
frisch geriebene Muskatnuss
Salz
frisch gemahlener schwarzer Pfeffer
4 EL neutrales Pflanzenöl
2 EL Butter

Zum Anrichten
8–12 Pflaumen
frittierte Ingwerstreifen
geröstete Sonnenblumenkerne
gepuffter Dinkel

ZUBEREITUNG

TOPINAMBUR-PÜREE

Die Topinamburen waschen, schälen und in kleine Stücke schneiden. Mit der Gemüsebrühe in einen Kochtopf geben, mit Salz würzen und mit aufgelegtem Deckel 15 Minuten sehr weich dünsten. Dann in einen Standmixer umfüllen, pürieren und mit Salz sowie Pfeffer abschmecken. Anschließend den Sauerrahm unterrühren.

GEBRATENE KÜRBISSPALTEN

Den Kürbis waschen und halbieren. Mit einem Esslöffel das Kerngehäuse herausschaben und das Fruchtfleisch in Spalten schneiden. Den Honig mit den gemahlenen Gewürzen verrühren. Das Öl in einer Pfanne erhitzen und die Kürbisspalten darin beidseitig scharf anbraten. Sobald sie fast weich gegart sind, das Honig-Gewürz-Gemisch zugeben und kurz aufschäumen lassen. Mit Salz und Pfeffer abschmecken. Zuletzt die Butter unterrühren.

ANRICHTEN

Die Pflaumen waschen, entsteinen und in Spalten schneiden.
Das Topinambur-Püree auf die Schalen verteilen. Die Kürbisspalten sowie die Pflaumen darauf anrichten und die Sauce der Kürbisspalten darüberträufeln. Mit den frittierten Ingwerstreifen, den Sonnenblumenkernen und dem gepufftem Dinkel garnieren.

GEFÜLLTE ROGGENKRAPFEN

mit Sauerkrautsalat

ZUBEREITUNGSZEIT: **ETWA 60 MINUTEN PLUS 30 MINUTEN RUHEZEIT**

FÜR 4 BOWLS

Für die gefüllten Roggenkrapfen
300 g Roggenmehl
100 g Weizenmehl Type 405 plus etwas mehr für die Teigbearbeitung
Salz
250 ml Vollmilch
50 g Butter
75 g Weizenschrot
½ Zwiebel
3–4 Knoblauchzehen
1 EL neutrales Pflanzenöl
75 g Blauschimmelkäse
frisch gemahlener schwarzer Pfeffer
neutrales Pflanzenöl zum Frittieren

Für den Sauerkrautsalat
100 g Sauerkraut aus dem Fass
40 g Staudensellerie
1 rote Paprikaschote
100 g Radicchio
60 g Erdnusskerne
1–2 Äpfel
2 Zweige Thymian
¼ TL gemahlener Kardamom
4 EL Erdnussöl
1 EL Ahornsirup
Salz
frisch gemahlener schwarzer Pfeffer

Zum Anrichten
4 EL Schnittlauchröllchen
einige Zweige Rosmarin
einige Zweige Thymian
feine Apfelspalten

ZUBEREITUNG

GEFÜLLTE ROGGENKRAPFEN

Das Roggen- und das Weizenmehl in die Rührschüssel einer Küchenmaschine sieben und mit 1 TL Salz vermischen. Die Milch erwärmen und die Butter darin schmelzen. Das lauwarme Gemisch zum Mehl gießen und alles zu einem glatten Teig verkneten. Dann abgedeckt 30 Minuten ruhen lassen.
Für die Füllung den Weizenschrot nach Packungsanleitung kochen. Dann durch ein Sieb gießen, kalt abspülen und abtropfen lassen. Die Zwiebel und den Knoblauch abziehen. Die Zwiebel in feine Würfel schneiden, den Knoblauch fein hacken. Das Öl in einer Pfanne erhitzen und beides goldbraun braten. Den Käse mit einer Gabel zerdrücken und den Weizenschrot sowie das Zwiebel-Knoblauch-Gemisch unterrühren und mit Pfeffer würzen.
Den Teig auf einer bemehlten Arbeitsfläche 1–2 mm dünn ausrollen. Nach Belieben Kreise oder Quadrate mit einem Durchmesser bzw. Seitenlänge von 12–15 cm ausstechen oder schneiden. Etwas Füllung in die Mitte der Teigstücke verteilen. Die Ränder zusammenklappen und gut verschließen, dabei nach Wunsch dekorativ falten. Das Öl in einem Topf erhitzen und die Krapfen goldbraun backen. Auf Küchenpapier kurz abtropfen lassen und noch heiß servieren.

SAUERKRAUTSALAT

Das Sauerkraut in ein Sieb geben, kurz mit kaltem Wasser abspülen, abtropfen lassen und in eine Schüssel umfüllen. Den Staudensellerie putzen und in dünne Scheiben schneiden. Die Paprikaschoten putzen, halbieren und entkernen, den Radicchio putzen. Beides in Streifen schneiden. Die Erdnusskerne in einer Pfanne ohne Fettzugabe rösten. Die Äpfel waschen, entkernen und in feine Spalten schneiden. Den Thymian waschen, trockenschütteln und die Blätter abzupfen. Alle vorbereiteten Zutaten zum Sauerkraut geben. Das Öl und den Sirup verrühren und über den Salat gießen. Alles gut vermischen und mit Salz sowie Pfeffer abschmecken.

ANRICHTEN

Den Sauerkrautsalat auf die Schalen verteilen und je 1 EL Schnittlauchröllchen darüberstreuen. Je zwei Roggenkrapfen am Rand plazieren. Mit kleinen Rosmarin- und Thymianzweigen sowie feinen Apfelspalten garnieren.

GERÖSTETES WINTERGEMÜSE

mit Buchweizenbratlingen und Cajun-Sauce

ZUBEREITUNGSZEIT: ETWA 30 MINUTEN

FÜR 4 BOWLS

Für die Buchweizenbratlinge
150 g Buchweizen
250 ml Gemüsebrühe
1 kleine Zwiebel
2–3 Knoblauchzehen
3–4 EL neutrales Pflanzenöl
30 g Staudensellerie
1 kleines Bund Schnittlauch
2 EL Buchweizenmehl
1 Ei
Salz
frisch gemahlener schwarzer Pfeffer

Für das geröstete Wintergemüse
1,2 kg gemischtes Wintergemüse (z. B. Karotten, Knollensellerie, Petersilienwurzel, Kürbis, Zwiebel, Wirsing)
4 EL neutrales Pflanzenöl
Salz
frisch gemahlener schwarzer Pfeffer
8 getrocknete Pflaumen

Für die Cajun-Sauce
4 EL Zucker
4 EL Weißweinessig
1 TL Tomatenmark
3–4 TL Cajun-Gewürzmischung (siehe Seite 170)
Salz

ZUBEREITUNG

BUCHWEIZENBRATLINGE

Den Buchweizen waschen und zugedeckt ca. 10 Minuten mit der Gemüsebrühe bei niedriger Hitze kochen. Die Flüssigkeit sollte zum Schluss komplett aufgesaugt sein. Wenn nicht, ohne Deckel weiterkochen, bis die gesamte Flüssigkeit verdampft ist. Den Buchweizen in eine Schüssel umfüllen und auskühlen lassen. Die Zwiebel und den Knoblauch abziehen. Die Zwiebel in feine Würfel schneiden, den Knoblauch fein hacken. 1 EL Öl in einer Pfanne erhitzen und beides goldbraun braten. Den Staudensellerie putzen und fein schneiden. Den Schnittlauch waschen, trockenschütteln und in feine Röllchen schneiden. Alle vorbereiteten Zutaten zusammen mit dem Buchweizenmehl und dem Ei zum Buchweizen geben und vermischen. Mit Salz und Pfeffer würzen. Aus dem Teig flache Bratlinge formen. Das restliche Öl in der Pfanne erhitzen und die Bratlinge auf beiden Seiten goldbraun braten.

GERÖSTETES WINTERGEMÜSE

Die Gemüse putzen, gegebenenfalls schälen und in mundgerechte Stücke schneiden. In einer Schüssel mit dem Öl vermischen und mit Salz sowie Pfeffer würzen. Das Gemüse, bis auf den Wirsing, dann auf einem Backblech ausbreiten und im auf 200 °C vorgeheizten Backofen (Ober-/Unterhitze) ca. 15 Minuten rösten. 2 Minuten vor dem Ende der Garzeit die Pflaumen und gegebenenfalls den Wirsing zugeben.

CAJUN-SAUCE

Den Zucker in einem Topf karamellisieren und mit ca. 75 ml Wasser und dem Essig ablöschen. Das Tomatenmark sowie das Gewürz unterrühren und einkochen, bis die Sauce leicht dickflüssig wird. Mit Salz abschmecken.

ANRICHTEN

Das geröstete Wintergemüse und die Maronen auf die Schalen verteilen. Einige Buchweizenbratlinge daneben anrichten. Die Cajun-Sauce mit einem Löffel über dem Gemüse verteilen.

TIPP

Alternativ schmeckt auch Baharat-Gewürzmischung sehr gut.

HAFERGRÜTZE

mit Bratapfel

ZUBEREITUNGSZEIT: **ETWA 60 MINUTEN**

FÜR 4 BOWLS

Für die Bratäpfel
4 Äpfel
80 g Rohmarzipan
80 g Butter

Für das Haferflocken-Topping
1 EL Butter
3 EL kernige Haferflocken
1 Prise Salz
1 EL Zucker

Für die Hafergrütze
600 ml Vollmilch
1 Vanilleschote
2 EL Ahornsirup oder flüssiger Honig
2 Scheiben Ingwer
1 Prise Salz
200 g mittelfeine Haferflocken
3 EL Magerquark

Zum Anrichten
4 TL Preiselbeerkonfitüre
gemahlener Zimt

ZUBEREITUNG

BRATÄPFEL

Mit einem Apfelausstecher das Kerngehäuse der Äpfel herausstechen. Vom Kerngehäuse etwa 1 cm abschneiden und damit die untere Öffnung verschließen. Das Marzipan und die Butter mit einer Gabel zerdrücken und vermischen. Dann die Bratäpfel damit füllen. Die Äpfel nebeneinander in eine ofenfeste Form stellen und im auf 180 °C vorgeheizten Backofen (Ober-/Unterhitze) etwa 45 Minuten braten.

HAFERFLOCKEN-TOPPING

Die Butter in einer Pfanne schmelzen. Die Haferflocken, das Salz und den Zucker zugeben und unter Rühren rösten, bis die Haferflocken goldbraun gebräunt sind. Zum Abkühlen beiseitestellen.

HAFERGRÜTZE

Die Milch in einen Kochtopf geben. Die Vanilleschote längs aufschneiden, das Mark mit einem Kaffeelöffel herausschaben und zusammen mit der Schote zur Milch geben. Den Honig, den Ingwer und das Salz untermischen. Die Milch aufkochen und die Haferflocken einrühren. Unter ständigem Rühren bei niedriger Hitze 5 Minuten köcheln. Vom Herd nehmen, die Vanilleschote und die Ingwerscheiben entfernen und den Quark untermischen.

ANRICHTEN

Die Hafergrütze auf die Schalen verteilen. Je 1 TL Preiselbeerkonfitüre darauf plazieren und je einen Bratapfel darauf anrichten. Das Haferflocken-Topping um den Bratapfel streuen. Etwas Zimt darüberstauben.

TIPP

Werden für die Hafergrütze feine Haferflocken verwendet, erhält man eine feine und samtige Grütze. Werden großkörnige Haferflocken verwendet, empfiehlt es sich, diese einige Stunden in der Milch quellen zu lassen.

GESCHMORTES KOHLGEMÜSE

mit geröstetem Weizenschrot und Apfel-Chutney

ZUBEREITUNGSZEIT: **ETWA 45 MINUTEN**

FÜR 4 BOWLS

Für das Apfel-Chutney
2 Äpfel
1 getrocknete rote Chilischote
200 g Zucker
150 ml Weißweinessig
1 kleine Zimtstange
5–6 Gewürznelken
3 Scheiben Ingwer
3 Kardamomkapseln

Für das geschmorte Kohlgemüse
½ mittelgroßer Kopf Rotkohl
1 mittelgroßer Kopf Wirsing
150 g Rosenkohl
Salz
frisch gemahlener schwarzer Pfeffer
1 EL Ahornsirup oder flüssiger Honig
200 ml Gemüsebrühe

Gerösteter Weizenschrot
300 g Weizenschrot
750 ml Gemüsebrühe
1 Lorbeerblatt
1 Zwiebel
3 Knoblauchzehen
2 EL neutrales Pflanzenöl
2 TL Madras Currypulver (mild oder scharf)
2 TL süßer Senf
Salz
frisch gemahlener schwarzer Pfeffer

Zum Anrichten
4 EL getrocknete Cranberrys

ZUBEREITUNG

APFEL-CHUTNEY

Die Äpfel waschen, vierteln und das Kerngehäuse herausschneiden. Die Apfelstücke in Spalten schneiden und diese in 1 cm breite Stücke schneiden. Die Chilischote nach Wunsch entkernen und in feine Röllchen schneiden. Den Zucker mit etwas Wasser in einem Kochtopf karamellisieren und mit dem Essig ablöschen. Dann die Apfelstücke, die Chiliringe und die Gewürze unterrühren. Bei mittlerer Hitze das Chutney 5 Minuten köcheln und bei Bedarf etwas Flüssigkeit zugeben. Anschließend das Chutney kaltstellen.

GESCHMORTES KOHLGEMÜSE

Den Rotkohl und den Wirsing putzen, den Mittelstrunk entfernen und den Rest in Spalten schneiden. Rosenkohl putzen und halbieren. Das Gemüse in eine ofenfeste Form legen. Mit Salz und Pfeffer würzen und mit dem Sirup bestreichen. Dann die Gemüsebrühe aufgießen. Das Gemüse im auf 160 °C vorgeheizten Backofen (Ober-/Unterhitze) abgedeckt 20 Minuten schmoren. Dann den Deckel abnehmen und bei starker Oberhitze noch 5–10 Minuten bräunen.

GERÖSTETER WEIZENSCHROT

Den Weizenschrot mit der Gemüsebrühe und dem Lorbeerblatt in einem Kochtopf bei niedriger Hitze zugedeckt ca. 15 Minuten dünsten. Die Flüssigkeit sollte jetzt aufgesaugt und der Weizen weich gegart sein. Zum Abkühlen beiseitestellen. Die Zwiebel und den Knoblauch abziehen. Die Zwiebel in feine Würfel schneiden, den Knoblauch fein hacken. In einer beschichteten Pfanne das Öl erhitzen und beides anbraten. Das Currypulver untermischen und kurz weiterbraten, bis es zu duften beginnt. Erst den Senf und dann den Weizenschrot unterrühren. Bei hoher Temperatur unter Rühren braten und mit Salz sowie Pfeffer abschmecken.

ANRICHTEN

Den gerösteten Weizenschrot auf die Schalen verteilen. Darauf erst das Kohlgemüse und dann etwas Apfel-Chutney anrichten. Mit den Cranberrys garnieren.

TIPP

Für etwas mehr Würze kann das Kohlgemüse mit etwas Baharat- oder Ras-El-Hanout-Gewürzmischung gewürzt werden.

PASTINAKEN-STAMPF

mit Rote-Bete-Spaghetti und Grillkäse

ZUBEREITUNGSZEIT: **ETWA 30 MINUTEN**

FÜR 4 BOWLS

Für den Pastinaken-Stampf
ca. 400 g Pastinaken
2 EL neutrales Pflanzenöl
200 ml Gemüsebrühe

Für die Rote-Bete-Spaghetti
2 längliche Knollen Rote Bete
3–4 Knoblauchzehen
4 Scheiben Ingwer
1 Apfel
2 EL neutrales Pflanzenöl
1 Handvoll junge Salbeiblätter
Salz
frisch gemahlener schwarzer Pfeffer

Für den Grillkäse
200 g Grillkäse (z. B. Halloumi)
1 EL Ras-El-Hanout-Gewürzmischung (siehe Seite 170)

Zum Anrichten
ca. 500 g gegarter Dinkelreis
4 EL geröstete Brösel (siehe Rezept »Wurzelgemüse aus dem Ofen mit marinierten Perlgraupen« Seite 136)
4 Salbeiblüten

ZUBEREITUNG

ROTE-BETE-SPAGHETTI

Die Rote Bete schälen und in feine Streifen hobeln oder mit einem Spiralschneider schneiden. Den Knoblauch abziehen, den Ingwer abschaben und beides fein hacken. Den Apfel vierteln, das Kerngehäuse entfernen und das Fruchtfleisch in dünne Spalten schneiden. Das Öl in einer Pfanne erhitzen und die Apfelspalten gemeinsam mit dem Salbei scharf anbraten. Dann aus der Pfanne nehmen und beiseitestellen. Im gleichen Öl den Knoblauch und Ingwer anbraten und die Rote-Bete-Spaghetti zugeben. 5 Minuten durchschwenken und mit Salz sowie Pfeffer würzen.

PASTINAKEN-STAMPF

Die Pastinaken schälen, in Stücke schneiden und auf ein Blatt Backpapier legen. Das Öl darüberträufeln und die Backpapierecken nach oben ziehen und zusammenknüllen. Das Paket im auf 150 °C vorgeheizten Backofen (Ober-/Unterhitze) 30 Minuten garen, bis die Pastinaken schön weich sind. Die Pastinaken in eine Schüssel umfüllen und mit heißer Gemüsebrühe stampfen. Mit Salz und Pfeffer würzen.

GRILLKÄSE

Den Käse in 6–7 mm dicke Scheiben schneiden und diese in der Gewürzmischung wenden. Anschließend kurz scharf auf dem Grill oder in einer Grillpfanne grillen.

ANRICHTEN

Den Pastinaken-Stampf und darauf den Dinkelreis auf die Schalen verteilen. Die Rote-Bete-Spaghetti darauf anrichten. Rundherum den Grillkäse, die Apfelspalten und die Salbeiblätter legen. Mit den Bröseln und den Blüten garnieren.

STECKRÜBENCHILI

mit gefüllter Birne

ZUBEREITUNGSZEIT: **ETWA 30 MINUTEN**

FÜR 4 BOWLS

Für das Steckrübenchili
ca. 1 kg Steckrüben
2 Zwiebeln
4–5 Knoblauchzehen
2 EL neutrales Pflanzenöl
2 EL Zucker
1 TL Tomatenmark
2 EL edelsüßes Paprikapulver
Chilipulver
800 ml Gemüsebrühe
400 g geschälte, gehackte Tomaten (Konserve)
2 Zweige Thymian
1 Zimtstange
1 Prise gemahlene Gewürznelke
1 TL gemahlener Kreuzkümmel
Salz
400 g gegarte Bohnen (Konserve)
frisch gemahlener schwarzer Pfeffer

Für die gefüllten Birnen
2 Birnen
4 TL Blauschimmelkäse
8 Walnusshälften
4 TL flüssiger Honig

Für den Rotkohl
200 g Rotkohl

Zum Anrichten
4 Zweige Thymian
4 kleine frische Chilischoten

TIPP

Als Bohnen können nach Wunsch Kidney-, Wachtel- oder Käferbohnen verwendet werden.

ZUBEREITUNG

STECKRÜBENCHILI

Die Steckrüben schälen und in mundgerechte Stücke schneiden. Die Zwiebeln und den Knoblauch abziehen. Die Zwiebeln in feine Würfel schneiden, den Knoblauch fein hacken. Das Öl in einem Kochtopf erhitzen und die Steckrüben scharf anbraten. Wenn sie beginnen, Farbe zu nehmen, die Zwiebeln, den Knoblauch und den Zucker zugeben. Sobald der Zucker hell karamellisiert ist, das Tomatenmark unterrühren. Noch einige Sekunden weiterbraten und dann das Paprikapulver sowie nach Wunsch Chilipulver unterrühren. Anschließend mit der Gemüsebrühe ablöschen. Die Tomaten und die Gewürze zugeben und mit Salz würzen. Das Chili abgedeckt bei niedriger Temperatur ca. 15 Minuten köcheln. Die Bohnen durch ein Sieb gießen, mit Wasser abspülen und abtropfen lassen. Die Bohnen untermischen und das Chili weitergaren, bis die Steckrüben weich gegart sind. Zuletzt mit Salz und Pfeffer abschmecken.

GEFÜLLTE BIRNEN

Die Birnen halbieren und auf der Außenseite die Wölbung etwas begradigen, damit die Birnen einen besseren Stand haben. Mit einem Teelöffel großzügig das Kerngehäuse entfernen. Die Höhlung dann mit Käse und leicht gehackten Walnussstücken füllen und den Honig darüberträufeln. Die Birnen nebeneinander in eine ofenfeste Form legen und im auf 180 °C vorgeheizten Backofen (Ober-/ Unterhitze) gut 15 Minuten backen.

ROTKOHL

Den Rotkohl putzen, in feine Streifen hobeln und kurz in Eiswasser legen. Vor dem Servieren abtropfen lassen und kurz auf Küchenpapier legen.

ANRICHTEN

Das Steckrübenchili auf die Schalen verteilen. Die Rotkohlstreifen in der Mitte anrichten und darauf die Birne plazieren. Mit einem Thymianzweig und einer Chilischote garnieren.

GEBACKENER KÜRBIS

mit Grünkern-Risotto und Chicoreesalat

ZUBEREITUNGSZEIT: **ETWA 45 MINUTEN PLUS 8 STUNDEN RUHEZEIT**

FÜR 4 BOWLS

Für das Grünkern-Risotto
400 g Grünkern
einige getrocknete Steinpilze
1 kleine Zwiebel
3–4 Knoblauchzehen
2 EL neutrales Pflanzenöl
150 ml trockener Weißwein
700 ml Gemüsebrühe
Salz
frisch gemahlener schwarzer Pfeffer
4 EL Butter
4 EL fein geriebener Hartkäse

Für den gebackenen Kürbis
4 kleine Kürbisse (à 400–500 g)
1 Prise gemahlene Muskatblüte
½ TL gemahlene Pimentkörner
¼ TL gemahlene Fenchelsamen
1 TL fein geriebener Ingwer
4 EL Ahornsirup
Salz
frisch gemahlener schwarzer Pfeffer

Für den Chicoréesalat
400 g Chicorée
12 gebratene Maronen
einige getrocknete Tomaten
2 EL süßer Senf
3 EL Apfelessig
6 EL Nussöl
Salz
frisch gemahlener schwarzer Pfeffer

Zum Anrichten
1 TL geröstete Senfsaat

ZUBEREITUNG

GRÜNKERN-RISOTTO

Den Grünkern 8 Stunden in ausreichend Wasser einweichen. Die Pilze in Wasser einweichen. Die Zwiebel und den Knoblauch abziehen. Die Zwiebel in feine Würfel schneiden, den Knoblauch fein hacken. Den Grünkern durch ein Sieb gießen und abtropfen lassen. Das Öl in einem Kochtopf erhitzen und die Zwiebel und den Knoblauch glasig anbraten. Den Grünkern zugeben und kurz durchrühren. Mit dem Weißwein ablöschen. Die Steinpilze mit dem Einweichwasser zugeben und mit der Gemüsebrühe auffüllen. Mit Salz und Pfeffer würzen. Das Risotto bei niedriger Temperatur unter gelegentlichem Rühren gut 30 Minuten zugedeckt köcheln. Dann die Butter und den Käse unterrühren. Mit Salz abschmecken.

GEBACKENER KÜRBIS

Die Kürbisse putzen, waschen und trockentupfen. Dann den Deckel abschneiden und das Kerngehäuse mit einem Löffel ausschaben. Mit einem kleinen Messer das Fruchtfleisch am Deckel und in der Kürbiskugel kreuzförmig einschneiden. Dabei darauf achten, dass die Schale nicht durchgeschnitten wird. Die Gewürze mit dem Ahornsirup verrühren und das Kürbisfruchtfleisch (auch den Deckel) damit einstreichen. Die Kürbisse und ihre Deckel nebeneinander auf ein Backblech stellen und im auf 200 °C vorgeheizten Backofen (Ober-/Unterhitze) gut 30 Minuten backen. Das Fruchtfleisch sollte sehr weich sein, aber die Schale sollte noch ausreichend Festigkeit haben.

CHICORÉESALAT

Den Chicorée waschen und in kleine Stücke schneiden. Zusammen mit den Maronen und den Tomaten in eine Schüssel füllen. Den Senf, den Essig und das Öl zu einem Dressing verrühren. Mit Salz und Pfeffer abschmecken und den Salat damit marinieren.

ANRICHTEN

Den Chicoréesalat auf die Schalen verteilen und die Senfsaat darüberstreuen. Je einen Kürbis darauf plazieren und die Aushöhlung mit dem Grünkern-Risotto füllen. Den Deckel danebenstellen.

TIPP

Als Kürbissorten können z. B. Butternuss, Ahorn, Hokkaido verwendet werden. Letzterer ist besonders geeignet, da die Schale mitgegessen werden kann.

GEMÜSESUPPE

mit Grünkohl-Gyoza

ZUBEREITUNGSZEIT: **ETWA 60 MINUTEN PLUS 30 MINUTEN RUHEZEIT**

FÜR 4 BOWLS

Für die Gyoza
260 g Weizenmehl Type 405 plus etwas mehr für die Teigbearbeitung
160 ml heißes Wasser
Salz
100 g Pilze nach Wahl (Kräuterseitlinge, Shiitake, Champignons)
200 g Grünkohl
1/2 Zwiebel
3 Knoblauchzehen
3 EL neutrales Pflanzenöl
1 TL scharfer Senf
100 ml Gemüsebrühe
Salz
frisch gemahlener schwarzer Pfeffer

Für die Gemüsesuppe
1,2 kg Wurzelgemüse (Knollensellerie, Karotten, Pastinake, Topinambur, Petersilienwurzel)
1 l Gemüsebrühe
1–2 Sternanis
3 Scheiben Ingwer
1 Zimtstange
2 EL Sojasauce
2 EL Miso-Paste
Salz
frisch gemahlener schwarzer Pfeffer
Chilipulver

Zum Anrichten
knusprig frittierter Ingwer
Schnittlauchröllchen

ZUBEREITUNG

GYOZA

Für den Teig das Mehl mit ¼ TL Salz vermischen. Dann das Wasser zugeben und für 5 Minuten gut verkneten. Den Teig 30 Minuten zugedeckt ruhen lassen. Anschließend erneut durchkneten.
Für die Füllung die Pilze putzen und fein schneiden. Den Grünkohl putzen, die Blätter von den Stielen abschneiden und in feine Streifen schneiden. Die Zwiebel und den Knoblauch abziehen. Die Zwiebel in feine Würfel schneiden, den Knoblauch fein hacken. 1 EL Öl in einer Pfanne erhitzen und die Pilze scharf anbraten. Aus der Pfanne nehmen und beiseitestellen. 1 weiteren EL Öl in die Pfanne geben und die Zwiebel und den Knoblauch glasig braten. Dann den Grünkohl zugeben und mitbraten. Den Senf mit der Gemüsebrühe verrühren und, sobald der Grünkohl zusammengefallen ist, aufgießen. Mit einem Deckel abdecken und zugedeckt 10 Minuten dünsten. Dann den Deckel abnehmen, die beiseitegestellten Pilze zugeben und mit Salz und Pfeffer würzen. Zum Abkühlen beiseitestellen.
Den Teig auf einer bemehlten Arbeitsfläche dünn ausrollen und Kreise mit 9–10 cm Durchmesser ausstechen. Die Teigkreise vor der Weiterverarbeitung kurz kühl stellen. Je 1 EL der Füllung mittig darauf plazieren. Die Teigränder mit Wasser einpinseln und zu einem Halbkreis falten. Dabei die Ränder gut miteinander verkleben und nach Wunsch dekorativ einfalten. Das restliche Öl in einer Pfanne erhitzen und die Gyoza auf der Unterseite goldbraun anbraten. Etwa 100 ml Wasser aufgießen, einen Deckel auflegen und die Gyoza 3 Minuten dämpfen. Den Deckel abnehmen und gegebenenfalls noch vorhandene Flüssigkeit vollständig verdampfen lassen. Die Gyoza sofort servieren.

GEMÜSESUPPE

Das Wurzelgemüse putzen, schälen und in mundgerechte Stücke schneiden. Die Gemüsebrühe in einem Kochtopf erhitzen, alle Würzzutaten zugeben und bei niedriger Temperatur 5 Minuten köcheln. Dann das Gemüse zugeben und weitere 5–10 Minuten kochen, bis das Gemüse die gewünschte Konsistenz erreicht hat.

ANRICHTEN

Die Gemüsesuppe auf die Schalen verteilen und die Gyoza darauf anrichten. Etwas Ingwer und Schnittlauch darüberstreuen.

WIRSING

mit Spiegelei

ZUBEREITUNGSZEIT: **ETWA 60 MINUTEN PLUS 12 STUNDEN RUHEZEIT**

FÜR 8–10 STÜCKE

Für den Wirsing
400 g getrocknete Wachtelbohnen
ca. 500 g Wirsing
1 rote Zwiebel
3–4 Knoblauchzehen
3–4 Scheiben Ingwer
2 EL neutrales Pflanzenöl
2 EL süßer Senf
1 EL scharfer Senf
500 ml Gemüsebrühe
1 Prise gemahlene Fenchelsamen
1 Prise gemahlene Pimentsamen
Salz
frisch gemahlener Zitronenpfeffer
200 ml Sauerrahm oder Schmand

Für die Brotwürfel und Spiegeleier
4 Scheiben Vollkornbrot (2 cm dick)
50 g Butter oder 2 EL neutrales Pflanzenöl
Chilipulver (optional)
4 Eier

Zum Anrichten
getrocknete Apfelringe
4 gebratene Wirsingspalten

ZUBEREITUNG

WIRSING

Die Bohnen über Nacht in Wasser einweichen und dann nach Packungsanleitung garen. Dann durch ein Sieb gießen, abspülen und abtropfen lassen.
Den Wirsing putzen und den Strunk herausschneiden. Die Blätter in mundgerechte Stücke schneiden. Die Zwiebel abziehen und in dünne Spalten schneiden. Den Knoblauch abziehen und fein hacken. Die Ingwerschale abschaben und den Ingwer in feine Streifen schneiden. Das Öl in einer Pfanne erhitzen und den Wirsing mit der Zwiebel, dem Knoblauch und dem Ingwer scharf anbraten. Dann die Bohnen, die beiden Senfsorten, die Gemüsebrühe und die Gewürze zugeben und alles 5 Minuten köcheln. Anschließend die Pfanne vom Herd nehmen und den Sauerrahm unterrühren. Mit Salz und Zitronenpfeffer abschmecken.

BROTWÜRFEL UND SPIEGELEIER

Das Brot in Würfel von 2 cm Kantenlänge schneiden. In einer Pfanne die Butter erhitzen und die Brotwürfel rösten. Nach Wunsch mit Chilipulver würzen. In derselben Pfanne dann aus den Eiern vier Spiegeleier braten.

ANRICHTEN

Den Wirsing auf die Schalen verteilen. Je ein Spiegelei und die Brotwürfel darauf plazieren. Mit Apfelringen und einer Spalte Wirsing garnieren.

TIPP

Schneller geht die Zubereitung, wenn alternativ 600 g gekochte Wachtelbohnen aus der Konserve verwendet werden. Dann die Bohnen durch ein Sieb gießen, mit Wasser abspülen und abtropfen lassen.

Grundrezepte

BAHARAT-GEWÜRZMISCHUNG

ZUTATEN

1 ½ TL Koriandersamen
4 TL schwarze Pfefferkörner
1 TL Kreuzkümmelsaat
5–6 grüne Kardamomkapseln
4 Gewürznelken
1 TL gemahlener Zimt
4 TL scharfes Paprikapulver
etwas frisch geriebene Muskatnuss

ZUBEREITUNG

Die Koriandersamen, die Pfefferkörner, die Kümmelsaat, die Kardamomkapseln und die Gewürznelken in einer beschichteten Pfanne ohne Fettzugabe bei niedriger Hitze trocken rösten, bis sich die Aromen entfalten. Die Gewürze in eine Gewürzmühle umfüllen und fein mahlen. Anschließend den Zimt, das Paprikapulver und die Muskatnuss untermischen. Die fertige Gewürzmischung in ein Schraubglas abfüllen, verschließen und lichtgeschützt sowie trocken lagern.

CAJUN-GEWÜRZMISCHUNG

ZUTATEN

4 EL edelsüßes Paprikapulver
2 EL Knoblauchpulver
1 EL Zwiebelpulver
1 EL schwarze Pfefferkörner
1 EL Cayennepfeffer
1 EL gerebelter Thymian
1 EL gerebelter Oregano
2 EL Salz
½ EL Kreuzkümmel (optional)

ZUBEREITUNG

Alle Zutaten zusammen in eine Gewürzmühle füllen und fein mahlen. Die fertige Gewürzmischung in ein Schraubglas abfüllen, verschließen und lichtgeschützt sowie trocken lagern.

RAS-EL-HANOUT-GEWÜRZMISCHUNG

ZUTATEN

2 TL Koriandersamen
3 TL Kreuzkümmel
10 grüne Kardamomkapseln
2 TL schwarze Pfefferkörner
12 Pimentkörner
½ TL Gewürznelken
2 TL gemahlener Zimt
1 TL edelsüßes Paprikapulver
2 TL gemahlener Ingwer
1 TL gemahlener Anis
1 TL geschrotete Chilischote
2 TL gemahlene Kurkuma
einige getrocknete Rosenblütenblätter (optional)

ZUBEREITUNG

Die Koriander und Kreuzkümmelsamen, die Kardamomkapseln, die Pfefferkörner, die Pimentkörner und die Gewürznelken in einer beschichteten Pfanne ohne Fettzugabe bei niedriger Hitze trocken rösten, bis sich die Aromen entfalten. Die Gewürze in eine Gewürzmühle umfüllen und fein mahlen. Anschließend den Zimt, das Paprikapulver, den Ingwer, den Anis, die Chilischote, die Kurkuma und die Rosenblätter untermischen. Die fertige Gewürzmischung in ein Schraubglas abfüllen, verschließen und lichtgeschützt sowie trocken lagern.

MINZÖL

ZUTATEN

100 ml neutrales Pflanzenöl
einige Blätter frische Minze

ZUBEREITUNG

Das Öl mit den Minzblättern in einem Standmixer fein mixen. Dann durch ein Sieb gießen und das Minzöl auffangen. Das Minzöl in ein Schraubglas abfüllen und kühl sowie lichtgeschützt lagern.

TIPP

Auf diese Weise können auch andere Würzöle hergestellt werden. z. B. Thymianöl, Rosmarinöl …

GERÖSTETER KNOBLAUCH / KNOBLAUCHÖL

ZUTATEN

5–6 Knoblauchzehen
4–5 EL neutrales Pflanzenöl

ZUBEREITUNG

Den Knoblauch abziehen und in feine Scheiben schneiden. Anschließend fein hacken oder in einem Mörser zerreiben. Das Öl bei mittlerer Temperatur in einer Pfanne erhitzen und den Knoblauch goldbraun anrösten. Dann in ein Sieb gießen und das abtropfende Öl auffangen. Das Knoblauchöl in ein Schraubglas abfüllen. Kühl und lichtgeschützt aufbewahren. Die Knoblauchscheiben in ein Schraubglas abfüllen und mit etwas Knoblauchöl bedecken. Kühl und lichtgeschützt aufbewahren.

OFENKNOBLAUCH

ZUTATEN

4 Knoblauchknollen
Salz
2 TL Olivenöl

ZUBEREITUNG

Von den ganzen Knoblauchknollen das obere Viertel abschneiden. Den Knoblauch salzen und mit Öl einpinseln. Die Knollen mit der Schnittseite nach oben nebeneinander in eine ofenfeste Form legen und im auf 180 °C vorgeheizten Backofen (Ober-/Unterhitze) 15–20 Minuten backen. Der Knoblauch sollte jetzt oben schön gebräunt und das Innere sehr weich sein. Den Knoblauch etwas abkühlen lassen und dann die einzelnen Zehen aus der Schale drücken. Die Zehen in ein Schraubglas füllen und komplett mit Olivenöl bedecken. Sie können so kühl und lichtgeschützt einige Zeit aufbewahrt werden.

ROSMARIN-KÜRBISKERN-PESTO

Für ca. 100 g Pesto

ZUTATEN

1 kleines Bund Rosmarin
neutrales Pflanzenöl zum Frittieren
3 Knoblauchzehen
3 EL Kürbiskerne
½ TL fein geriebener Ingwer
Salz
frisch gemahlener schwarzer Pfeffer

ZUBEREITUNG

Den Rosmarin waschen, gut trockenschütteln und anschließend abtupfen. Die Nadeln abzupfen. Das Öl erhitzen und die Rosmarinnadeln knusprig frittieren. Sie sollten noch grün bleiben, nicht bräunen. Anschließend auf Küchenpapier abtropfen lassen. Den Knoblauch abziehen, in feine Scheiben schneiden und ebenfalls kurz frittieren. Anschließend auf Küchenpapier abtropfen lassen. Das aromatisierte Frittieröl beiseitestellen. Die Kürbiskerne in einer beschichteten Pfanne ohne Fettzugabe rösten. Den Rosmarin, den Knoblauch und die Kürbiskerne in einem Standmixer zerkleinern. Dann den Ingwer zugeben und mit Salz und Pfeffer würzen. Anschließend so viel vom aromatisierten Frittieröl zugeben, dass das Pesto bedeckt ist. In ein Schraubglas abfüllen und eine Ölschicht darübergießen. Kühl und lichtgeschützt aufbewahren.

RADIESCHENBLÄTTER-PESTO

Für ca. 150 g Pesto

ZUTATEN

1 Bund frische Radieschenblätter
1 EL Kürbiskerne
75 ml Sonnenblumenöl
Salz
frisch gemahlener schwarzer Pfeffer
1 EL geriebener reifer Bergkäse

ZUBEREITUNG

Die Radieschenblätter gut waschen, trockentupfen oder am besten in einer Salatschleuder trocknen und dann grob schneiden. Die Kürbiskerne in einer beschichteten Pfanne ohne Fettzugabe rösten. Beides in einen hohen Mixbecher oder Standmixer füllen. Das Öl dazu gießen und mit einem Stabmixer bzw. im Standmixer fein pürieren. Mit Salz und Pfeffer abschmecken und den Käse untermixen. Das Pesto in ein Schraubglas abfüllen und mit Sonnenblumenöl bedecken. Kühl und lichtgeschützt aufbewahren.

SONNENBLUMENKERN-PASTE

Für ca. 100 ml

ZUTATEN

100 g Sonnenblumenkerne
2 EL neutrales Pflanzenöl
Salz
frisch gemahlener schwarzer Pfeffer

ZUBEREITUNG

Die Sonnenblumenkerne in einer beschichteten Pfanne ohne Fettzugabe gut rösten. Dann in eine Gewürzmühle umfüllen und fein mahlen. Das Öl untermischen und mit Salz und Pfeffer abschmecken. Die Paste in ein Schraubglas umfüllen und mit Öl bedecken. Kühl und lichtgeschützt aufbewahren.

HAFERCRUNCH

Für ca. 50 g

ZUTATEN

1 EL Butter
3 EL Kleinblatthaferflocken (zarte Flocken)
1 EL Zucker
1 Prise Salz

ZUBEREITUNG

Die Butter in einer Pfanne schmelzen. Die Haferflocken, den Zucker und das Salz zugeben und rösten, bis alles eine goldbraune Farbe angenommen hat. Die Masse auf ein Stück Backpapier verteilen und auskühlen lassen.

TIPP

Für die Alternative Haselnuss-Hafercrunch wird 1 EL Haferflocken durch grob gehackte Haselnusskerne ersetzt.

KÜRBISKERNKROKANT

Für ca. 150 g

ZUTATEN

75 g Zucker
1 Prise Salz
1 TL neutrales Pflanzenöl oder Butter
75 g Kürbiskerne

ZUBEREITUNG

Den Zucker mit 2 EL Wasser in einem Kochtopf schmelzen und zu hellem Karamell kochen. Das Salz und das Öl bzw. die Butter unterrühren. Die Kürbiskerne etwas hacken und unter den Karamell mischen. Die Masse auf ein Stück Backpapier verteilen. Dann ein weiteres Stück Backpapier darüberlegen und mit dem Teigroller sofort dünn ausrollen. Anschließend auskühlen lassen. Vor der Weiterverwendung in Stücke brechen oder hacken.

KÄSEGITTER

Für ca. 4 Käsegitter

ZUTATEN

100 g Hartkäse (z. B. Bergkäse, Parmigiano reggiano)

ZUBEREITUNG

Den Käse sehr fein reiben und in Gitterstruktur auf ein mit Backpapier ausgelegtes Backblech bröseln. Im auf 250 °C vorgeheizten Backofen (Ober-/Unterhitze) unter Sichtkontrolle einige Minuten backen, bis der Käse zu bräunen beginnt. Dann zum Abkühlen beiseitestellen. Vor dem Servieren in die gewünschte Form brechen oder schneiden.

FERMENTIERTER CHINAKOHL

Für ca. 500 g

ZUTATEN

500 g Chinakohl
20 g Salz
1–2 Knoblauchzehen
1 Frühlingszwiebel
1 TL fein geriebener Ingwer
¼ Birne
½ EL Zucker
1 EL Sojasauce
Chiliflocken

ZUBEREITUNG

Den Chinakohl waschen und in Streifen schneiden. Das Salz zugeben und alles gut durchkneten. Den Chinakohl dann mindestens 3 Stunden bei Zimmertemperatur ruhen lassen. Anschließend den Chinakohl durch ein Sieb gießen, die Flüssigkeit abtropfen lassen und den Chinakohl in eine Schüssel umfüllen. Den Knoblauch abziehen und fein hacken. Die Frühlingszwiebel putzen und in feine Scheiben schneiden. Beides zusammen mit den restlichen Zutaten sowie 5 EL Wasser zum Chinakohl geben und alles gut vermischen. Das Gemisch dann in Schraubgläser füllen und dabei gut andrücken. Der Chinakohl sollte von Flüssigkeit bedeckt sein. Das Glas abdecken, aber nicht luftdicht verschließen. Je nach gewünschtem Säuregrad den Chinakohl 2–5 Tage bei Zimmertemperatur fermentieren lassen. Anschließend luftdicht verschließen und im Kühlschrank aufbewahren.

DÜNNES, KNUSPRIGES PIZZABROT

ZUBEREITUNGSZEIT:
ETWA 60 MINUTEN PLUS CA. 3 TAGE RUHEZEIT

Für 5 Pizzabrote

ZUTATEN

1 TL Zucker
Salz
2 g frische Hefe
500 g Pizzamehl Tipo 00 plus etwas mehr für die Teigbearbeitung
2 EL Olivenöl
Knoblauchöl (siehe Seite 171)
frische Rosmarinnadeln

ZUBEREITUNG

Den Zucker, 1 TL Salz und die Hefe in 250 ml lauwarmem Wasser in der Rührschüssel einer Küchenmaschine auflösen. Nach und nach das Mehl zugeben und gut verkneten. Dann das Öl untermischen und den Teig 15 Minuten intensiv kneten. Sobald er elastisch ist und nicht mehr klebt, den Teig für 3 Stunden mit einem feuchten Tuch abgedeckt bei Raumtemperatur gehen lassen. Dann luftdicht verschlossen 2–3 Tage in den Kühlschrank stellen. Anschließend den Teig portionieren und die Teiglinge zu Kugeln formen. Diese abgedeckt weitere 3 Stunden bei Raumtemperatur gehen lassen. Das Backrohr auf die höchste Temperaturstufe (Ober-/Unterhitze) vorheizen und einen Pizzastein, alternativ ein Backblech, darin erhitzen. Die Teiglinge dann sehr dünn ausziehen bzw. -rollen. Den Teig auf den Pizzastein bzw. das Blech geben und 4–5 Minuten backen. Die Pizzen aus dem Backrohr nehmen und noch heiß mit Knoblauchöl einpinseln. Dann die Rosmarinnadeln und etwas Salz darüberstreuen.

TIPP

Dieser Teig verlangt aufgrund der langen Gehzeit nach nur wenig Hefe. Er ist ein sehr aromatischer Teig.

MAISTORTILLAS

ZUBEREITUNGSZEIT:
ETWA 60 MINUTEN PLUS 20 MINUTEN RUHEZEIT

Für ca. 30–35 Tortillas

ZUTATEN

500 g nixtamalisiertes Maismehl
ca. 250 ml heißes Wasser
1 TL Salz
neutrales Pflanzenöl zum Frittieren

ZUBEREITUNG

Das Maismehl, das heiße Wasser und das Salz zu einem geschmeidigen Teig verkneten. Den Teig dann abgedeckt 20 Minuten ruhen lassen. Der fertige Teig sollte fest sein, aber nicht bröseln. Kleine Kugeln von ca. 20 g formen und diese zwischen zwei Stück Frischhaltefolie in einer Tortillapresse sehr dünn pressen. Alternativ einen Kochtopf passender Größe darauf drücken. Die Tortillas sollten max. 2 mm dick sein. Die Tortillas in einer Pfanne bei mittlerer Temperatur ohne Fettzugabe je Seite für 1 Minute rösten. Aus der Pfanne nehmen und sofort abdecken, damit sie nicht austrocknen. Vor dem Servieren die Tortillas nach Wunsch in sechs bis acht Ecken schneiden. Das Öl erhitzen und die Tortillaecken frittieren. Anschließend auf Küchenpapier abtropfen lassen.

TIPP

Wenn Sie aus der Pfanne genommen wurden, können die Tortillas gestapelt und abgedeckt im Kühlschrank aufbewahrt werden.

TEMPURATEIG

ZUBEREITUNGSZEIT:
ETWA 5 MINUTEN

Für ca. 500 ml

ZUTATEN
100 g Mehl Type 405
100 g Maisstärkemehl
etwas Salz
1 Eigelb
300 ml eiskaltes Sodawasser

ZUBEREITUNG
Das Mehl und die Maisstärke in eine Schale sieben und das Salz untermischen. Dann das Eigelb mit dem Sodawasser verrühren und die Mehlmischung kurz unterrühren. Den Tempurateig sofort weiterverwenden.

TIPP

Fertigmischungen, oft auch als Tempuramehl bezeichnet, sind mittlerweile in allen gut sortierten Supermärkten erhältlich. Meist wird darin Weizenmehl als Grundlage verwendet. Traditionell wird in Japan für die Herstellung von Tempurateig allerdings feines Reismehl verwendet.

GETROCKNETE KAROTTENSTREIFEN

ZUTATEN
2 mittelgroße Karotten

ZUBEREITUNG
Die Karotten schälen und dann in dünne Scheiben hobeln oder diese mit einem Sparschäler abziehen. Die Scheiben bei 60 °C in einem Dörrautomaten oder alternativ im entsprechend vorgeheizten Backofen (Umluft) für ca. 1 Stunde trocknen. Die Streifen sollten schön knusprig sein.

TIPP

Rosenblütenblätter lassen sich ebenso herstellen. Dazu eine unbehandelte Rosenblüte in die einzelnen Blütenblätter zerteilen und diese wie oben beschrieben trocknen.

Anhang

REGISTER DER REZEPTE

R

S

T

W

Hinweis zu den Rezepten

Wer seine Bowls vegan zubereiten möchte, kann die angegeben Milchprodukte problemlos durch entsprechende pflanzliche Produkte auf Basis von Soja, Hafer, Hülsenfrüchten etc. ersetzen.

Wenn nicht anders angegeben, sind alle Rezepte für jeweils vier Bowls berechnet.

ÜBER DAS AUTORENTEAM

Angkana Sirisaeng, geboren und aufgewachsen in Thailand, entdeckte früh ihre Liebe zum Kochen. Nach ihrem Bachelor-Abschluss erlernte sie die Kunst des Obst- und Gemüseschnitzens. Zudem bildete sie sich in den Bereichen thailändische und vietnamesische Küche sowie Sushi-Herstellung fort.

Alex Neumayer aus dem Salzburger Gasteinertal war neun Jahre in Südostasien als Küchenchef in der Fünf-Sterne-Hotellerie tätig. Heute arbeitet er als Foodfotograf in seinem Studio »Kochen & Kunst« in Bad Hofgastein.

IMPRESSUM

Verantwortlich: Sonya Mayer
Rezepte, Foodfotografie & Foodstyling: Alex & Angkana Neumayer
(www.kochenundkunst.at)
Redaktion: Dr. Regina Roßkopf
Layout: Helen Garner
Umschlaggestaltung: Dominik Günzinger
Repro: LUDWIG:media
Korrektorat: Mareike Weber
Herstellung: Julia Hegele

Printed in China by C&C Printing

Bildnachweis
Alle Bilder des Umschlags und des Innenteils stammen von Alex & Angkana Neumayer.

Sind Sie mit diesem Titel zufrieden? Dann würden wir uns über Ihre Weiterempfehlung freuen. Erzählen Sie es im Freundeskreis, berichten Sie Ihrem Buchhändler oder bewerten Sie bei Onlinekauf. Und wenn Sie Kritik, Korrekturen, Aktualisierungen haben, freuen wir uns über Ihre Nachricht an: Christian Verlag, Postfach 40 02 09, D-80702 München oder per E-Mail an lektorat@verlagshaus.de

Unser komplettes Programm finden Sie unter: www.christian-verlag.de

Alle Angaben dieses Werkes wurden von den Autoren sorgfältig recherchiert und auf den neuesten Stand gebracht sowie vom Verlag geprüft. Für die Richtigkeit der Angaben kann jedoch keine Haftung übernommen werden, weshalb die Nutzung auf eigene Gefahr erfolgt. Sollte dieses Werk Links auf Webseiten Dritter enthalten, so machen wir uns die Inhalte nicht zu eigen und übernehmen für die Inhalte keine Haftung.

Die Deutsche Nationalbibliothek verzeichnet diese Publikation in der Deutschen Nationalbibliografie; detaillierte bibliografische Daten sind im Internet über http://dnb.d-nb.de abrufbar.

ISBN 978-3-95961-869-4

MIX
Papier | Fördert gute Waldnutzung
FSC® C008047

Ebenfalls erhältlich ...

ISBN 978-3-95961-640-9

ISBN 978-3-95961-800-7

ISBN 978-3-95961-805-2

ISBN 978-3-95961-722-2

CHRISTIAN

www.christian-verlag.de